Behaglich **wohnen**

Behaglich**wohnen**

ILKKA FALCK UND INGA AALTONEN
FOTOS VON ANNE SAARENOJA

Lifestyle
BUSSE
SEEWALD

Originalausgabe: Kodin neljä vuodenaikaa

Deutsche Ausgabe:

Übersetzung: LUND Verlagsges. mbH, Köln
Satz: Punkt für Punkt GmbH · Mediendesign,
Düsseldorf
Herstellung: Süddruck Neumann GmbH & Co. KG,
Plauen

ISBN 978-3-512-03305-6

Inhalt

Die Idee für dieses Buch bekam ich, als ich aufs Land zog. Hier habe ich den Wechsel der Jahreszeiten und den daraus resultierenden Zauber schätzen gelernt. Ich begann, das Zuhause aus anderen Blickwinkeln als zuvor zu betrachten. Die Bedeutung von Licht, Farben und Raum nahm zu, und während der Fotoarbeiten für dieses Buch bemerkte ich, dass die gleichen kleinen Ideen und Veränderungen überall funktionierten, ob es sich nun um eine moderne Hochhauswohnung in der Großstadt oder um ein altes Haus auf dem Land handelte.

Das Ziel dieses Buches ist, Tipps und Ideen für die Gestaltung des eigenen Heims während der verschiedenen Jahreszeiten zu geben, und nicht, Ratschläge für die Wohnzimmereinrichtung oder die Küchenrenovierung zu erteilen.

Die Natur mit ihren wechselnden Farben und Phänomenen ist eine wahre Ideenquelle. Während der einen Jahreszeit verbringt man viel Zeit im Freien, in der anderen wiederum zieht man sich in die Wärme des Hauses zurück. Jede Jahreszeit hat dennoch ihren eigenen Zauber. Auch das Zuhause verändert sich mit dem Wechsel des Wetters, des Lichts und der Natur während der Jahreszeiten. Die in diesem Buch vorgestellten Wohnungen und Häuser sind gute Beispiele für diese Veränderungen.

Ein Zuhause einzurichten ist eine Herausforderung, die zugleich Befriedigung schafft. Jeder träumt bestimmt von einem gemütlichen und behaglichen Zuhause. Alle in diesem Buch vorgestellten Heime haben sich im Laufe einer längeren Zeit entwickelt, was man bei der Einrichtung des eigenen Heims nicht vergessen sollte.

Um ein Zuhause mit Persönlichkeit zu schaffen, sind Überlegung und originelle Funde nötig. Eine Prise Gewagtheit, Phantasie und Geduld, etwas Altes, etwas Neues und etwas Selbstgemachtes. Hoffentlich gibt das Buch Ihnen Anregungen, die Sie in Ihren eigenen vier Wänden verwirklichen können.

Mein besonderer Dank gilt all den wunderbaren Freunden, die die Türen ihres Zuhauses für die Fotoaufnahmen öffneten.

Ilkka Falck

Gutes Essen ist ein wichtiger Teil dieses Buches. Die wechselnden Jahreszeiten bringen ihre eigenen Gerüche, Farben und Rhythmen auch in die Küche und inspirieren dazu, etwas Leckeres aus den Zutaten der Saison zuzubereiten. Die Lieblingsspeisen der Bewohner der im Buch vorgestellten Heime bilden die Basis für Rezepte, mit deren Hilfe zu verschiedenen Jahreszeiten interessante Leckerbissen auf den Tisch gezaubert werden können. Die Ideen reichen von kleinen appetitanregenden Vorspeisen zu prächtigen Festmahlzeiten, gemeinsam zubereiteten Köstlichkeiten, lockeren Abendeinladungen und bei Ausflügen sehr willkommenem Proviant. Ich hoffe, dass die Rezepte dazu inspirieren, sich beispielsweise einem Topf voller Fischsuppe zu widmen und die besten Momente des Sommers zu genießen, die Freunde zu gemeinsamen Tischgesellschaften zu versammeln und duftendes Gebäck für den eigenen Genuss oder als Geschenk zu backen.

Inga Aaltonen

Ostern bringt den Frühling ins Haus

Um Ostern herum werden in der Natur die ersten Zeichen des Frühlings sichtbar. Mancherorts strecken die Schneeglöckchen ihre Köpfe aus dem Schnee, und die Geschäfte sind voll mit bunten Narzissen und dicken Tulpensträußen. Das Farbspektakel der leuchtend grünen Blätter und der Blumen bringt den nahenden Frühling ins Haus.

Der Haupteingang des Hauses, der ebenfalls mit Frühlingsblumen dekoriert ist, führt durch einen weiträumigen Vorbau.

Erste Anzeichen des Frühlings zeigen sich im Hof und auf der Treppe des Reihenhauses, obwohl der Boden noch teilweise von Schnee bedeckt ist. Auf den Fensterbrettern beginnen die frühlingshaften Zwiebelgewächse, im Schein der warmen Frühlingssonne aus den Töpfen zu sprießen.

Traubenhyazinthen und Narzissen vertragen nur leichten Frost. Die Topfpflanzen werden deshalb wenigstens im frühen Frühjahr nachts ins Haus gestellt, wenn Nachtfrost zu erwarten ist.

Die Bewohner des Reihenhauses am Meer erwarten jedes Jahr voller Vorfreude den Frühling und Ostern. Die von Armas Lindgren entworfene dreistöckige Reihenhausgruppe im englischen Stil wurde bereits im Jahr 1916 fertig gestellt und war hier damals die erste ihrer Art.

Obwohl im Hof noch Schnee des vergangenen Winters liegt, werden die Treppen des Hauses schon von den ersten Narzissen und frühlingshaftem Ostergras geschmückt. Wenn das Wetter erst einmal im Laufe des Frühlings wärmer wird, werden sich noch weitere Topfblumen dazugesellen.

Das Haus hat viele Erker und einen kleinen Balkon. Direkt am Rande des Grundstücks glitzert das offene Meer, von dem ein leichtes Seelüftchen in den Hof getragen wird.

Der Eingangsbereich des Hauses befindet sich in einem Erker, der von Fenstern umgeben ist. Die Einrichtung ist skandinavisch hell, in Sandtönen gehalten, und sie ist auf die verschiedenen Nuancen von Birkenholz abgestimmt. Das leuchtend grüne Ostergras und die frühlingshaften Zwiebelgewächse in ihren Töpfen duften nach Frühling.

Nach Meinung der Hausherrin ist der Frühling die schönste Jahreszeit. Die helle Einrichtung des Hauses setzt sich sowohl aus geerbten Möbeln als auch aus preiswerten Neuanschaffungen zusammen, und sie wird je nach Jahreszeit immer mit etwas Neuem vervollständigt. Im Frühjahr werden die weißen Sofas mit grasgrünen Kissen aufgepeppt. Auch die bunte Osterdekoration bringt Veränderung in die Einrichtung. Die Ausblicke durch die großen Fenster des Hauses berichten ebenfalls vom Beginn des Frühlings. Das helle Gesamtkonzept funktioniert gut als Hintergrund für den Wechsel der Jahreszeiten. Die Stimmung kann durch kleine Veränderungen der Details geändert werden.

Das offene Esszimmer badet im kräftigen Licht der Frühlingssonne. Da Ostern bevorsteht, liegt bereits ein Hauch von Frühling in der Luft.

Kleine Details, wie die zarten Topfnarzissen und die frühlingshaften Kissenbezüge, machen die Frühlingsstimmung aus.

Das Wohnzimmer wurde sparsam aber wirkungsvoll mit frühlingsgrünen Elementen dekoriert. Die weißen Sessel haben ein paar grüne Kissen als Gefährten bekommen und auch das Ostergras in der flachen Schüssel auf dem Tisch ist ein Vorbote des Frühlings.

Die Frühlingssonne wirft steile Schatten auf den gustavianischen Tisch, auf dem sich eine Gruppe hübscher marmorner Deko-Eier versammelt. Die aus alten Büchern und Rubelscheinen zusammengesetzten Collagen sind mit Draht zusammengebunden. Die Künstlerin Helena Stackelberg verwendet in ihren Arbeiten alte Materialien und setzt alles, was sie findet, zu Kunstwerken mit Persönlichkeit zusammen.

Die Tulpen in fröhlichen Farben und die Birkenzweige bringen nach dem Winter Stimmung ins Haus. Federn aus dem Bastelladen plustern den Blumenstrauß noch zusätzlich auf. Sie werden mit dünnem Basteldraht an den Birkenzweigen befestigt. Einige wenige Tulpen genügen bereits, und bei Bedarf können sie gegen frische ausgetauscht werden.

Der Esszimmertisch ist für die Hauptmahlzeit an Ostern gedeckt. Das Ostergras im Blechgefäß und die frühlingshaften Tulpen schmücken die festliche Tafel. Das geerbte Silber und die Leinenservietten krönen jedes Fest.

Frühlingsfest

FRISCH GEPRESSTER SAFT

MIT LORBEER GESCHMÜCKTES KRÄUTERLAMM

MARINIERTE GRÜNE BOHNEN

ROSMARINKARTOFFELN

GRÜNER FRÜHLINGSSALAT

PASCHA

ESPRESSO UND OSTEREIER

Getränketipp des Hauses

Als Rotwein zur Ostertafel wählt die Familie aus dem eigenen Weinkeller einen französischen Pinot Noir La Vignée aus der Bourgogne.

Zum Osterlamm passen italienische Rotweine wie der Nozzole Chianti Classico und der Zenato Ripassa Valpolicella Superiore. Auch beispielsweise spanische Rotweine aus der Rioja oder australische Syrah-Weine schmecken zum Lamm.

Als Dessertwein zum Pascha passt ein halbtrockener Vinsanto (heiliger Wein) aus der Toskana oder ein süßer, nach Aprikose schmeckender sizilianischer Passito di Pantelleria.

Pascha ist ursprünglich eine Leckerei des orthodoxen Osterfestes in Form einer oben gekürzten Pyramide, die aus Quark, Butter, Sahne und Eiern zubereitet wird. In leichterer Form ist sie in vielen Haushalten als Osternachtisch üblich geworden. Die in die hölzerne Paschaform geschnitzten Buchstaben XB bedeuten „Christus ist von den Toten auferstanden". Es gibt verschiedene Zubereitungsarten für Pascha, viele Rezepte sind von Generation zu Generation vererbt worden. Traditionell wird Pascha zum ersten Mal in der Osternacht serviert, und es wird auf einer Scheibe Osterbrot genossen.

Marinierte Bohnen

Mit Lorbeer geschmücktes Kräuterlamm

2–2,5 kg Lammbraten mit Knochen
4 Knoblauchzehen

KRÄUTERÖL:
50–75 ml Öl
frischer Estragon
frische Minze, Basilikum, Rosmarin
Zitronensaft oder weißer Balsamico
½ Tl Salz

Wenn der Braten tiefgefroren ist, langsam im Kühlschrank auftauen lassen. Den Braten rechtzeitig vor dem Garen auf Zimmertemperatur bringen.

Die gehackten Kräuter in die Schüssel eines Mixgerätes geben, Öl, ein wenig Zitronensaft oder einige Tropfen Balsamico dazugeben. Eine Prise Salz zufügen, das Gerät einschalten und die Zutaten zu einer Sauce verwandeln.

Die Knoblauchzehen schälen und zu länglichen Spalten schneiden. Mit einem scharfen Messer in die Lammkeule nahe dem Knochen einige kleine Ritzen schneiden. Die Knoblauchzehen in Kräuteröl tauchen und in die Ritzen stecken. Das Lamm mit dem übrigen Kräuteröl einreiben.

Den Ofen auf 130 °C vorheizen. Ein Fleischthermometer so in die dickste Stelle des Bratens drücken, dass es nicht den Knochen berührt und nicht durch den Braten hindurchgeht.

Den Braten im Ofen garen. Wenn die innere Temperatur 72–73 °C beträgt, ist das Fleisch innen noch rötlich und saftig. Ein gut 2 kg schwerer Braten braucht zum Garen bei 130 °C einige Stunden. Wenn die Ofentemperatur höher ist, zum Beispiel 175 °C, wird das Fleisch schon bei einer inneren Temperatur von 68 °C schneller an der Oberfläche gar und bleibt innen rötlicher. Die Garzeit wird außer von der Temperatur des Fleisches beim Beginn des Garens auch von der Form des Bratens und dem Alter des Lamms bestimmt.

Den Braten während des Garens mit Kräuteröl oder Bratensaft begießen.

Den Braten aus dem Ofen nehmen, das Fleischthermometer entfernen, den Braten sofort in Butterbrotpapier einwickeln und ein wenig abkühlen lassen.

Frische Lorbeer- oder Rosmarinzweige um die Lammkeule wickeln und mit Bast als Dekoration um den Knochen binden.

Rosmarinkartoffeln

8 große Kartoffeln
ca. 2 El Öl
Salz
Rosmarin

Die Kartoffeln waschen, ungeschält mehrmals längs zu bootförmigen Spalten schneiden und auf einem mit Backpapier ausgelegten Backblech verteilen. Öl auf die Kartoffeln träufeln, Salz und Rosmarin darüber streuen. Unter gelegentlichem Wenden bei etwa 200 °C im Ofen 40 bis 60 Minuten garen, bis die Kartoffeln goldbraun sind. Heiß servieren.

Marinierte Bohnen

400 g grüne Bohnen, tiefgekühlt
200 ml Wasser

SAUCE
50 ml Öl
ca. 2 El Zitronensaft
½ El Senf
½ Tl Zucker
Salz, schwarzer Pfeffer
1–3 Schalotten, 1 rote Zwiebel oder 2 Frühlingszwiebeln

Das Wasser zum Kochen bringen. Die gefrorenen Bohnen zufügen. 4–5 Minuten kochen lassen, bis die Bohnen appetitlich grün sind und noch eine feste Konsistenz haben. In einem Sieb kurz mit kaltem Wasser abschrecken.

Öl, Zitronensaft und Senf vermischen. Mit Zucker, Salz und schwarzem Pfeffer abschmecken. Bei Bedarf noch Öl zufügen. Die Sauce auf die warmen Bohnen gießen. Abkühlen und kaltgestellt durchziehen lassen. Die Zwiebeln fein hacken und über die Bohnen streuen.

Das Kräuterlamm und die Rosmarinkartoffeln duften verführerisch.

Echte Vanille verleiht dem Osterpascha ein feines Aroma.

Die Champagnertrüffeleier in ihrem
Nest schmücken den Ostertisch.

Traditionelles Osterpascha

200 g Butter
2 Vanilleschoten
1 kg Magerquark
4 Eier
200 g Zucker
2 El Zitronat
2 El Orangeat
4 El getrocknete Weinbeeren
200 g Schlagsahne

DEKORATION

Frische Früchte (Blutorangen, Kiwis, Pflaumen)
Blätter von frischer Minze oder Zitronenmelisse

Die Butter bei geringer Hitze in einem großen Topf schmelzen lassen. Die Vanilleschoten halbieren und das herausgekratzte Mark mit den halbierten Schoten zur Butter geben, ebenfalls den abgetropften Quark.

Die Eier und den Zucker leicht verschlagen und unter den Quark mischen.

Zitronat, Orangeat und die getrockneten Beeren oder Korinthen klein schneiden und zur Quarkmasse geben. Die Masse unter ständigem Rühren erhitzen, bis sie dampft und das Eigelb beginnt einzudicken. Die Masse nicht kochen lassen. Den Topf vom Herd nehmen. Die Sahne schlagen und zur lauwarmen Masse geben. Den Geschmack überprüfen.

Ein sauberes Stück Verbandsgaze anfeuchten und auswringen. Mit dem Tuch eine Paschaform oder ein anderes löchriges Gefäß, beispielsweise ein Sieb, auslegen. Die Quarkmasse in die Form gießen. Die Form füllen und nach einer Weile noch Masse nachgießen. Wenn die Flüssigkeit aus dem Pascha tropft, wird es fester und schrumpft vor allem in der Mitte. Ein Stück Verbandgaze darüber legen. Auf die Form den Deckel der Paschaform oder ein anderes passendes Gefäß und darauf ein leichtes Gewicht legen. Die Form auf ein Gitter in ein Gefäß stellen, in das die Flüssigkeit aus dem Pascha laufen kann. Aus übrig gebliebener Paschamasse kann in einer kleinen Form ein Probe- oder Geschenkpascha zubereitet werden.

Das Pascha 1–2 Tage im Kühlschrank kalt stellen. Die Form entfernen und das Gazetuch öffnen. Zum Servieren das Pascha auf ein Gefäß stürzen. Mit Orangenscheiben, Kiwischeiben oder Pflaumenspalten und einigen frischen Minze- oder Zitronenmelissenblättern dekorieren.

Ein internationales Heim

Die Bewohner dieses Hauses haben mithilfe von Farben, kleinen Details und im Laufe des Lebens gemachten Anschaffungen eine originelles Ambiente um sich geschaffen. Den internationalen Stil haben sie sich während ihrer Jahre im Ausland zugelegt.

Um einen Stil mit Persönlichkeit zu erschaffen, benötigt man eine Prise Gewagtheit und Phantasie. Verschiedene Stile und Textilien können mutig miteinander kombiniert werden. Es empfiehlt sich, ein verbindendes Element zu finden, das die Einrichtung zusammenhält, wie die orangefarbenen Kissen dieses Wohnzimmers. Die runden Korbhocker eignen sich auch als Sofatische. Alte Möbel können mit verschiedenen Decken oder Stoffen bedeckt werden. Der Gobelin an der Wand könnte durch einen zum Stil passenden Stoff ersetzt werden.

Das alte mehrstöckige Haus im Villenstil befindet sich in Meeresnähe. Es ist eine Rarität und erscheint auch aus nächster Nähe betrachtet fast wie eine Kulisse. Beim Betreten der Wohnung bekommt man das starke Gefühl, als befinde man sich in einer Stadtwohnung irgendwo in Südeuropa.

Zunächst wird die Aufmerksamkeit auf die originellen dreidimensionalen Marmorböden gelenkt, die aus einer vergangenen Zeit zu stammen scheinen. Die Böden sind jedoch ganz neu. Ein großer Teil der Einrichtung des Heims stammt aus dem Ausland. Das Paar unterhielt vorher ein zweites Zuhause in Südfrankreich, und so stammen auch viele Ideen und Gegenstände von dort. Ein Teil der exotischen Antikgegenstände des Heims ist in Finnland angeschafft worden, wie die asiatische Bronzestatue, die den Ankömmling bereits in der Eingangshalle willkommen heißt. Als Unterlage für die Statue dient ein beleuchteter Sockel aus Milchglas. Zu den hellen Wandflächen im Wohn- und Schlafzimmer sowie zu den Marmorböden, die heller als die übrigen Böden sind, wurden mit farbigen Textilien und dunklem Holz auffällige Kontraste geschaffen. Die Wohnung erstreckt sich von einer Seite des Hauses zur anderen und badet in Sonnenlicht, das die bunten Gemälde und die exotischen Gegenstände zum Strahlen bringt.

Die Küche ist vollständig modern renoviert worden. Sie ist glänzend weiß gehalten, und die Bewohner haben bei der Renovierung besonders in Technik und Zweckmäßigkeit investiert. Im Haus gab es vorher schon Gas, sodass auch für die neue Küche ein Gasherd angeschafft wurde. Die Küchenfenster geben den Blick frei auf den parkähnlichen Hinterhof, in dem ein Springbrunnen plätschert. Das Paar wollte die sich draußen eröffnende großartige Aussicht erweitern, sodass neben dem kleinen Küchenfenster die Wand durchbrochen und ein französischer Balkon eingesetzt wurde. Der Frühling ist in der Stadtwohnung eine Zeit der Vollkommenheit, und das Sonnenlicht kann in der Nähe des Meeres schon lange vor den Ferien auf dem Land, wo der Sommer hauptsächlich verbracht wird, genossen werden.

Die Küche mit ihren glänzenden Oberflächen ist weiß und hochmodern. Die Schnittblumen werden nach den übrigen Farben des Raumes ausgesucht. Die Farbe der Rosen wiederholt sich in den Farbnuancen des Gemäldes in der Küche.

Die Eingangshalle wird von der thailändischen antiken Bronzestatue beherrscht. Für das moderne Kunstwerk fand sich, inspiriert vom gleichartigen Marmorboden, ein Platz an der Wand.

An Phantasie und Gewagtheit fehlt es nicht im gerade renovierten Badezimmer. Das marmorne Waschbecken ist ein neues Produkt, wogegen Spiegel und Kristallleuchter antik sind. Der Seidenvorhang versteckt eine Waschmaschine und einen Wäschetrockner sowie ein Regal mit Kleinkram hinter sich.

Seiten 26 und 27
Der Kachelofen in der Küche trägt die Handschrift von Eliel Saarinen, und seinem Grünton ist auch die Farbgebung des Marmorbodens angepasst. Der in einem Antiquitätengeschäft erworbene chinesische Stuhl passt gut zu dem nationalromantischen Kachelofen.

Die Farbgebung des Schlafzimmers könnte direkt aus der Natur stammen. Dunkle Holzmöbel funktionieren immer gegen einen hellen Hintergrund, und als Gegengewicht sind bei den Textilien sanfte Pfirsichtöne verwendet worden. Die hinter dem Fenster wachsenden grünen Bäume und Sträucher dienen als Vorhänge.

Die dreidimensionale Wirkung des Marmor-bodens in der Küche erinnert an einen Außenbereich. Der französische Balkon öffnet sich zum Garten hin, der sich im Hinterhof des Hauses befindet. Inmitten der Bepflanzungen ist ein romantisches Becken mitsamt Springbrunnen angelegt worden. Das bunte Ölgemälde an der Wand und die große Grünpflanze bringen die Frühlingsnatur in die Wohnung hinein. Die Gastgeberin kombiniert in der Einrichtung und beim Tischgedeck gerne finnisches Design mit exotischen Gegenständen, die aus der ganzen Welt stammen. Zusammen mit dem wertvollen Service können verschiedene Gläser verwendet werden, denn das macht das Gedeck interessant.

Die Frühlingsmahlzeit beginnt mit pürierter Suppe.

Gemütlich daheim

PÜRIERTE PORREESUPPE
PFEFFERSTEAK MIT WEINSAUCE
GRÜNE ERBSEN
BABYKAROTTEN
OFENKARTOFFELN
ESPRESSO, SCHOKOLADE

Getränketipp des Hauses

Zum saftigen Steak schmeckt ein vollmundig weicher portugiesischer Doña Ermelinda oder ein leicht pfeffriger, aber ausreichend würziger Syrah, zum Beispiel ein australischer Margaret River Shiraz oder ein argentinischer Argento Reserva Malbec.

Pürierte Porreesuppe

4 Portionen

4 mittelgroße mehlige Kartoffeln
800 ml Wasser
½ Tl Salz
Porree (400–500g)
1 Zwiebel
2 El Rapsöl
1 El Gemüse- oder Hühnerbrühe
schwarzer Pfeffer
Petersilie, Frühlingszwiebeln
Erbsen- oder andere Sprossen

Die Kartoffeln schälen, zerstückelt in kochendes gesalzenes Wasser geben und garen.

Porree halbieren, gründlich abspülen und in Streifen schneiden. Zwiebel schälen und fein hacken. In einer Kasserolle ein wenig Öl erhitzen, die Zwiebel glasig braten, Porreestreifen dazugeben und etwa fünf Minuten unter Rühren garen, bis der Porree grün und weich ist. Die Zwiebel-Porreemischung zu den weichen Kartoffeln geben. Die Suppe mit einem Stabmixer pürieren.

Die Suppe mit Brühe, schwarzem Pfeffer und bei Bedarf mit Salz abschmecken. Auf vorgewärmten Tellern servieren und als Dekoration gehackte Petersilie, Frühlingszwiebeln oder Sprossen hinzufügen.

Pfeffersteak

4 Portionen

4 Rinderfilets, ca. 2 cm dick
weißer, schwarzer, Rosé- und grüner Pfeffer
1 El Rapsöl
Salz

Die Filets rechtzeitig aus dem Kühlschrank nehmen und in Zimmertemperatur stellen. Den Ofen auf 150 °C vorheizen. Die Steaks ein wenig platter klopfen. Eine Bratpfanne erhitzen. Die Steaks mit Öl einreiben und einzeln in die heiße Pfanne legen. Auf beiden Seiten anbraten, bis die Oberfläche appetitlich braun ist. Mit gemahlenem Pfeffer würzen.

Die Steaks in eine feuerfeste Form legen und bei 150 °C etwa 10 Minuten garen lassen. Wenn die Innentemperatur der Filets 58 °C beträgt, ist das Steak innen noch blutig und auf der Oberfläche gar. Das heiße Steak auf einen vorgewärmten Teller legen und mit gekochtem Gemüse servieren. Nach Wunsch eingelegte grüne Pfefferkörner mit der Gabel zerdrücken und auf das Steak geben.

Die Steaks können im Voraus auf beiden Seiten angebraten und mit gemahlenem Pfeffer gewürzt werden. Erst kurz vor dem Servieren im Ofen erhitzen. Mit Salz abschmecken.

Einfache Weinsauce

4 Portionen

4–5 Schalotten
1–2 El Butter oder Öl
200–300 ml Rotwein
Petersilie, Thymian
200 ml fertige Pfeffersauce
Wildfond
(Senf)

Die Zwiebeln schälen, fein hacken und in heißem Fett in einem Topf glasig dünsten. Den Rotwein sowie einige Petersilien- und

Thymianzweige dazufügen. Bei schwacher Hitze köcheln lassen, bis etwa die Hälfte der Flüssigkeit verdampft ist.

Die würzige Brühe durch ein Sieb in einen anderen Topf gießen, die Pfeffersauce dazugeben und alles erhitzen. Mit Fond und Senf abschmecken. Die Sauce heiß servieren.

Ofenkartoffeln

Vier große Kartoffeln längs halbieren. Mit einem Messer die Oberfläche gitterförmig einschneiden, mit Öl bestreichen und die Kartoffeln in einer feuerfesten Form bei 175–200 °C etwa 50 Minuten im Ofen backen, bis die Kartoffeln gar sind und die Oberfläche goldgelb ist. Die gut gewaschenen Kartoffeln können auch als ganze gebacken werden. Mit ein wenig Öl einreiben und bei 45–60 Minuten im Ofen backen, bis sie weich sind. Die Oberfläche kreuzförmig einritzen, die Kartoffel zusammendrücken und in die Einkerbung ein Stückchen Butter, Frischkäse oder einen Teelöffel hochwertiges Öl geben.

Überraschungsschokolade

100 g dunkle Schokolade

Die zerstückelte Schokolade in ein Gefäß geben, das im Wasserbad erhitzt werden kann. Die Schokolade unter Rühren erhitzen. Mit einem Spachtel die Schokolade möglichst dünn auf einem Stück Backpapier verteilen. Nach Wunsch noch fertiges Krokant auf die Oberfläche der weichen Schokolade streuen.

Die Schokolade an einem kühlen Ort hart werden lassen. In Rauten schneiden und mit einem guten Espresso servieren. Aus der dünnen Schicht Schokolade können auch mit einer kleinen Form Herzen, Sterne oder andere Motive als Überraschung ausgestochen werden.

Pfeffersteak ist ein Festessen.
Zum Nachtisch ein dünner Span dunkle Schokolade.

Die Stadtwohnung erwacht zum Frühling

Der zur Wohnung umgebaute alte Trockenboden hoch über den Dächern der Stadt erwacht im Lichte der ersten hellen Sonnenstrahlen zum Frühling.

Natürliche Materialien sowie der Blick von oben auf die Stadt und den Park inspirierten zur Wahl der Farben und der Einrichtung. Für die großen Flächen wurden bewusst harmonische und einheitliche Farben gewählt, die leicht durch kräftigere Farben von Textilien, Kerzen und Schnittblumen der Saison verändert werden können.

Das Schlafzimmer wird von der großen Skulptur eines Kiwis geschmückt. Die Farbgebung des Vogels erinnert an eine Strandklippe im Frühling.

Das im kreativen Bereich tätige Paar fand sein erstes gemeinsames Zuhause auf dem Dachboden eines im Jahr 1936 gebauten Mehrfamilienhauses. Der Dachboden diente der früheren Hausgemeinschaft seinerzeit als Trockenraum für die Wäsche, doch in den Nachkriegsjahren begann man aufgrund der Wohnungsnot auch Dachböden als Wohnraum zu nutzen. Damals war das Wohnen in den Dachräumen noch illegal, und erst im Jahr 1967 wurde die Nutzung als Wohnfläche legalisiert.

Das Paar war auf den ersten Blick begeistert von der Wohnung, obwohl sich bei der Besichtigung herausstellte, dass die Wohnung komplett renovierungsbedürftig war.

Beiden gefiel der Grundschnitt der Wohnung, und sie hatten eine klare Vorstellung davon, wie der besondere Dachboden zu einem behaglichen Zuhause für zwei Personen verändert werden sollte. In der 70 m² großen Wohnung befanden sich überflüssige Zwischenwände und Gänge. Das Badezimmer und die Küche befanden sich im ursprünglichen Zustand. Die Wohnung hatte jedoch hohe Decken und originelle runde Fenster, ein Oberlicht sowie große Panoramafenster, die einen Blick auf die Stadt freigeben.

Das romantische Fenster in der Schlafzimmerwand wird von zwei Dachschrägen eingeschlossen. Dies betont das Dachboden-Ambiente.

Die moderne Küche ist trotz ihrer geringen Größe funktional und praktisch. Die Kochnische befindet sich in der Mitte der Wohnung zwischen dem Flur und dem Wohnzimmer. Sie ist direkt vom Flur oder vom Wohnzimmer zu begehen. Der zur Familie gehörende Dackel hat seinen Fressnapf in der kleinen Küche stehen.

Für den Wohnzimmerboden wurde ein pflegeleichter Sisalteppich angefertigt, der mit einer farblich zu den anderen Farbtönen passenden Borte umrandet ist. In den abgerundeten Kanten des alten Wäschekorbs wiederholen sich die runden Formen der Fenster. Der Korb dient als Beistelltisch. Die gleichen runden Formen wiederholen sich auch im gläsernen Sofatisch sowie in den mit Überzügen versehenen prächtigen italienischen Sofas.

Alle unnötigen Innenwände wurden herausgerissen, um möglichst offene Wohnräume zu schaffen. Aus dem Wohnzimmer kann man nun in das Schlafzimmer mit seinem schrägen Dach gelangen, in das Licht durch das romantische Dachfenster hineinströmt. Neben dem Schlafzimmer konnte auch ein völlig modernes Badezimmer eingebaut werden, aus dem man in den Flur und in die kleine, aber funktionale Küche gelangt. Aus der Küche und dem Flur gelangt man auch ins Wohnzimmer.

Bei der Farbgebung der Wohnung ließ man sich von der Natur in der unmittelbaren Umgebung des Hauses inspirieren. Die Bewohner wählten für die großen Flächen harmonische Farbtöne. Die naturfarbenen Sofas sowie Holz- und Glasflächen können leicht je nach Jahreszeit mit Blumen, Kissen und anderen Textilien verändert werden. Wände und Decken wurden reinweiß gestrichen und tragen so zur geräumigen Wirkung bei, auch der Ausblick nach draußen kommt besser zur Geltung.

Während die Frühlingssonne hinter dem Horizont verschwindet, verändert sich die Farbgebung der Wohnung zu weichen Pastelltönen.

Frühling liegt in der Luft

GRÜNE FRÜHLINGSSUPPE

SÄUERLICHER RHABARBERKUCHEN

Fond ist eine starke Brühe oder ein Brühkonzentrat. Beispielsweise fertiger Gemüse-, Hühner-, Kalbs-, Wild-, Fisch- oder Hummerfond wird im Glas verkauft. Der geschmacklich konzentrierte, flüssige Fond kann Suppen, Saucen und Eintopfgerichten nach Wunsch zugefügt werden, um den Geschmack abzurunden.

Grüne Frühlingssuppe

2 El Öl
2–4 Zwiebeln oder ein Bund Frühlingszwiebeln
1 Tl Zucker
800 ml Wasser
250 g abgebrühte Brennnesselblätter oder 250 g Tiefkühlspinat
einige Blätter Liebstöckel
einige Zweige Süßdolde mitsamt Blättern
1–2 El Gemüsefond
Salz
schwarzer Pfeffer
(Salbei, Minze, Estragon, Petersilie)
Schnittlauch
ein Bund Radieschen
ein Töpfchen Crème Fraîche

Die Zwiebeln oder Frühlingszwiebeln fein schneiden und in Öl weich dünsten. Eine Prise Zucker, die feingehackten Brennnesseln oder den Spinat und das Wasser hinzugeben und die Suppe aufkochen lassen. Nach Geschmack mit den ersten Frühlingskräutern würzen. Liebstöckel hat einen intensiven Geschmack, deshalb sparsamer verwenden. Süßdolde, auch als Aniskerbel bekannt, kann dagegen reichlicher verwendet werden, da sie einen frischen Geschmack verleiht. Die Suppe mit Gemüsefond, Salz und schwarzem Pfeffer abschmecken. Auch Salbei, Minze, Estragon oder Petersilie passen zum Geschmack der Suppe.

Säuerlicher Rhabarberkuchen

3 Eier
300 g Zucker
200 ml Rhabarber- oder Orangensaft
100 g Margarine
200 g Weizenmehl
2 ½ Tl Backpulver
75 g gemahlene Mandeln
etwa 500 g Rhabarber
etwa 50 g Zucker
Ingwer oder Zimt
(Sesamsamen oder gehobelte Mandeln)

Den Rhabarber sorgfältig waschen und trocknen. In eine Schüssel klein schneiden und mit Zucker, Ingwer oder Zimt würzen.

Den Saft erhitzen und die Margarine in kleinen Stückchen dazugeben.

Mehl, Backpulver und gemahlene Mandeln abwiegen. Die Eier und den Zucker schaumig rühren, die heiße Saft-Fettmischung unter ständigem Rühren langsam zufügen. Die Mehl-Mandel-Backpulvermischung zufügen. Locker zu einem Teig vermischen.

Eine Kuchenform mit abnehmbarem Boden mit Backpapier auslegen. Die Ränder der Kuchenform fetten und mit Sesamsamen oder gehobelten Mandeln bestreuen.

Den Teig in die Kuchenform gießen und die Rhabarberstücke darauf verteilen. Im Ofen bei 175 °C etwa 45 bis 60 Minuten backen.

Im Herbst kann man anstelle von Rhabarber Äpfel verwenden.

Brennnesseln, Schnittlauch, Liebstöckel, Süßdolde und Rhabarber wachsen im Frühling als erstes im Garten.

Weiß auf Weiß

Das auf einem Grundstück am Meer errichtete Reihenhaus unterscheidet sich äußerlich nicht von den anderen Reihenhäusern der Umgebung. Innen jedoch wurde es vollkommen anders gestaltet.

Die großen Grünpflanzen in den Innenräumen und die Natur außerhalb des Hauses bringen den Sommer herein. Die offenen weißen Flächen der Wände, Möbel und Fußbodenkacheln erinnern an den Sommer. Die Fenster bedecken eine ganze Wand und geben den Blick aufs Meer frei. Sogar drinnen kann man fast den salzigen Meerwind auf den Lippen schmecken.

Die beiden oberen Stockwerke des Reihenhauses sind fast gleich große Räume. Der Fußboden zwischen den Stockwerken wurde entfernt und an seine Stelle wurden zwei Galerien gebaut, die sich auf unterschiedlichen Höhen befinden. Die Änderungen wurden bereits in der Bauphase durchgeführt, da sich die Möglichkeit dafür bot und die neuen Eigentümer ihren Traum von einem großen zusammenhängenden Raum verwirklichen wollten. Da die Reihenhäuser zum Meer hin ausgerichtet sind, hatte der Architekt auch die Fenster auf die Meeresseite geplant. Nach dem Umbau gestaltet sich die ganze meeresseitige Wand als eine einzige Fensterfläche. Die weiß gestrichenen Steinflächen und die weißen Fußbodenplatten bringen Weite und Licht in den Raum. Auch die Glastüren geben den Blick auf den Garten frei, und es scheint, als käme die Natur ins Haus hinein. In den dunkleren Jahreszeiten werden die Bäume und Sträucher draußen von unter her angestrahlt, sodass sie in der Dunkelheit gut

Der Garten des Reihenhauses befindet sich fast am Meeresstrand.

Das Paar bekennt sich zum Genießertum. Der Gastgeber ist für die Auswahl der Weine verantwortlich, und das Menü wird gemeinsam geplant. In der offenen modernen Küche ist es möglich, sich auch während der Zubereitung von Mahlzeiten mit den Gästen zu unterhalten. So ist der runde Esstisch neben der Bar platziert, die in der Küche als Raumteiler dient. Auch aus der Küche blickt man hinaus auf die Terrasse und auf das im Hintergrund schimmernde Meer.

Die Höhe des Raumes wurde durch das Entfernen eines Zwischenbodens erreicht. Die grafische Galerie schlängelt sich durch das obere Stockwerk und bietet einen Ausblick sowohl hinaus auf die Natur als auch auf die übrige Wohnung. Im Obergeschoss befinden sich neben den Galerien auch das Schlafzimmer und das Badezimmer.

auszumachen sind und in der Fensterwand ein von der Natur geschaffenes Kunstwerk bilden.

Die grafische Linie wiederholt sich in der Einrichtung des gesamten Hauses von den Küchenmöbeln bis zu den Oberflächenmaterialien und der Farbgebung, die hauptsächlich schwarz-weiß gehalten ist. Lediglich bei der Treppe zum Obergeschoss und ihrem Geländer ist Holz verwendet worden. Die großen Grünpflanzen sind ein wichtiger Teil der Einrichtung, und sie gedeihen auch gut im gleichmäßigen Licht.

Bildhauerei ist das Hobby und die Leidenschaft der Hausherrin, und so finden sich eigene Arbeiten auch auf Ehrenplätzen im eigenen Heim. Der Hausherr liebt neben Wein und Musik auch das Kochen. Der gut bestückte Weinkeller des Hauses ist sein ganzer Stolz.

In den Sommermonaten wird auf der Terrasse gegrillt, und dort wird auch der selbst gefangene Fisch geräuchert. Ein überdachter Gasgrill ist sommers wie winters in Gebrauch, sofern das Wetter dies erlaubt.

Die Möbel des qualitätsbewussten Paares sind stabile Klassiker, die bereits den einen oder anderen Umzug hinter sich haben.

Bei der ins Obergeschoss führenden Treppe ist Glas, Stahl und warmes Holz verwendet worden.

Das Interesse des Gastgebers an Weinen zeigt sich am Weinkeller. Dort finden sich im Laufe der Jahre selbst erstandene Weine sowie als Geschenk erhaltene Besonderheiten.

Kelch des Glücks!

MARÄNENTATAR
LACHSTATAR
GARNELENTATAR
ZITRONENSOUFFLÉ

Getränketipp des Hauses

Bei festlichen Anlässen wird ein Glas Champagner serviert, entweder Taittinger Brut Réserve oder Moët et Chandon Brut Impérial.

An Weißweinen bevorzugt der Gastgeber aus Riesling-Trauben gekelterte deutsche Weine aus dem Rheingau oder französische Weine aus dem Elsass. Ein passender süßer Dessertwein, der auch zu Schimmelkäse genossen werden kann, ist die österreichische Lenz Moser Prestige Trockenbeerenauslese.

Die drei leichten und festlichen Tatars sind aus Maränen (Forelle ist auch geeignet), Lachs und Garnelen zubereitet und werden zusammen mit perlendem Champagner, Sekt, Weißwein oder alkoholfreien Erfrischungsgetränken verzehrt. Sie werden zu Ehren der Ausstellungseröffnung der bildhauenden Gastgeberin serviert.

Tatar oder Tatarbeefsteak bezeichnet meistens ein rohes, aus hochwertigem gehackten oder klein geschnittenen Fleisch zubereitetes Beefsteak, das zusammen mit eingelegten Gurkenwürfeln, Roter Bete in Essig, feingehackten Zwiebeln, Kapern und Eigelb serviert wird. Hier werden die Tatars aus Fisch und Meerestieren nach Art der Künstlerin geformt.

Fein geschnittene frische Maränen, Lachs und Garnelen sind hervorragende Zutaten für die kleinen Leckerbissen, die mithilfe eines Löffels, eines Metallrings oder einer anderen Form als Portionshappen direkt auf den Teller geformt werden. Sie werden als kleine Vorspeisen oder als festliche Häppchen bei einer leichten Mahlzeit serviert. Die Leckerbissen können auch zum direkten Verzehr aus dem Löffel portioniert werden.

Maränentatar

4 Portionen

200 g Maränenfilets, ohne Haut und Gräten
4 El Porree (nur der weiße Teil), fein geschnitten
3–4 El saure Sahne
(frischer Dill)
Salz, weißer Pfeffer
Rogen zum Dekorieren

Das völlig grätenfreie Maränenfilet sehr fein schneiden. Zum Würzen sehr dünn geschnittenes Porree, Salz, weißen Pfeffer und nach Wunsch feingeschnittenen Dill hinzufügen. Die saure Sahne untermischen, um das Gemisch zu binden und den Geschmack abzurunden. Das Gemisch mit einer Folie bedecken und über Nacht im Kühlschrank durchziehen lassen.

Eine Kreisform oder Plätzchenform auf einen Servierteller setzen und sie bis zur passenden Höhe füllen. Den Kreis mithilfe eines Löffels vorsichtig lösen und die Füllung dabei zusammendrücken. Die Häppchen mit Maränen- oder Forellenrogen oder Kaviar dekorieren.

Anstelle einer Form kann auch ein in heißes Wasser getauchter Löffel verwendet werden, um das Maränengemisch auf einem Teller anzurichten. Die Häppchen können auch auf dünne Brotscheibchen von passender Größe gesetzt werden.

Lachstatar

Auf gleiche Weise wie das Maränentatar zubereiten, jedoch hierfür 200 g frischen, grätenfreien Lachs verwenden. Als Dekoration Wachteleier 3 Minuten kochen. Die Eier in kaltem Wasser abkühlen lassen, schälen und halbieren. Ein halbes Wachtelei auf jedes Lachstatar setzten. Mit einigen kleinen Salatblättern oder mit Wasserkresse dekorieren.

Garnelentatar

4 Portionen

200 g geschälte, gegarte Garnelen (500 g mit Schalen)
4 El feingeschnittener Dill
3–4 El saure Sahne
Salz, weißer Pfeffer
Riesengarnelenschwänze als Dekoration

Garnelen klein schneiden und mit feingehacktem Dill, saurer Sahne, Salz und weißem Pfeffer würzen. Mit einer Folie abdecken und einen Tag durchziehen lassen.

Auf gleiche Weise anrichten wie das Maränentatar. Mit Riesengarnelenschwänzen dekorieren.

Zitronensoufflé

6 Portionen

50 g Butter
250 ml Milch
50 g Mehl
50 g Zucker
Zitronen-, Orangen- oder Limettenschale, gerieben
5 Eier, Eigelb und Eiweiß getrennt
2 cl Grand Marnier-Likör (oder Saft einer Zitrusfrucht)

Die Butter in einem Topf schmelzen. Das Mehl zufügen, gut verrühren und die Milch hinzugeben. Die Mischung aufkochen lassen. Die Temperatur verringern und 5–10 Minuten bei geringer Hitze zu einem gleichmäßigen Teig zusammenkochen lassen. Den Topf vom Herd nehmen.

Den Zucker, die geriebene Schale der gewaschenen Zitrusfrucht und die Eigelbe unter ständigem Rühren einzeln hinzufügen. Alles gut vermischen und ein wenig Likör oder Zitronen- oder Limettensaft hinzugeben.

Eine etwa 1½ Liter fassende eckige Souffléform fetten und auf die gefetteten Ränder Puderzucker oder feinen Zucker streuen.

Die Eiweiße zu einem steifen Schaum schlagen und unter die Eigelbmasse heben. Das Gemisch in die Form gießen. Sofort bei 170 °C 40–45 Minuten backen. Die Ofenklappe nicht öffnen, bevor das Soufflé gut aufgegangen ist und mindestens 30 Minuten gegart hat.

Sofort zusammen mit kalter Schlagsahne servieren. Die Schlagsahne mit Grand Marnier-Likör abschmecken.

Zitronensoufflé ist ein spannendes Dessert, denn es kann sich überraschend verhalten. Für den Fall, dass das Soufflé nicht gelingt, hat die Gastgeberin rechtzeitig ein zweites Dessert vorbereitet – im Gefrierfach befindet sich ein fertiges Beerensorbet.

Sommervilla

In der alten am Ende des 19. Jahrhunderts erbauten Holzvilla ist der Geist der Geschichte lebendig. Trotz des heißen Sommertages ist es innen kühl, und die vergangenen Zeiten sind in der Einrichtung der Villa überall sichtbar. Fast kann man sich die beiden Töchter der Bauherrenfamilie im Inneren des Hauses beim Spielen vorstellen.

Die hübschen Buschrosenzweige stammen aus eigenen Sträuchern. Der Rosenduft füllt das Zimmer und scheint Erinnerungen aus ferner Vergangenheit zu bringen.

Im Esszimmer hat sich nichts verändert, nachdem die früheren Hausbesitzer die Villa aufgegeben haben

Von den beiden Schwestern ist eine verstorben und die andere lebt im Ausland. Da die Reise zur Sommervilla zu beschwerlich wurde, hat sie sich entschlossen, das geliebte Ferienhaus zu verkaufen. Die neuen Besitzer fanden sich dann in der unmittelbaren Nachbarschaft. Die Schwestern wünschten sich die bereits bekannte Nachbarsfamilie als neue Besitzer ihrer Villa. Das Geschäft wurde vor etwa vier Jahren besiegelt, und die glücklichen Bewohner haben das Erbe der Schwestern weitergeführt, indem sie den Geist des Hauses gepflegt haben, von den miterworbenen Gegenständen und Möbeln bis hin zum Garten, den die Schwestern seinerzeit mit Hingabe pflegten.

Die jetzigen Besitzer leben im Winter nur einige hundert Meter weiter in ihrem Haus am Meeresstrand. Die alte Villa befindet sich auf dem Grundstück zwischen dem Haus und dem Strand.

In der modernisierten Küche ist die altmodische Stimmung bewahrt worden. Das Geschirr steht in offenen Regalen, und der rechts zu sehende Holzofen ist nach wie vor in Gebrauch.

Im Wohnzimmer der alten Sommervilla scheint die Zeit stehen geblieben zu sein. Die ursprünglichen Möbel sind noch immer an ihrem Platz, und sogar die auf dem Webstuhl gefertigten fröhlich bunten Baumwollteppiche stammen aus dem Nachlass der früheren Besitzer. Die Teppiche sind mit Messingbeschlägen am Boden befestigt.

Nicht allen ist das Glück so hold wie den Besitzern dieser Villa, die das ursprüngliche Mobiliar zusammen mit dem Haus bekamen. Die Idee kann dennoch verwirklicht werden, indem man auf Flohmärkten und Versteigerungen Ausschau nach alten Möbeln hält.

In der Ecke des Gästezimmers steht noch immer die ursprüngliche Waschkommode mitsamt ihrer Porzellankanne.

Das Gästezimmer im Obergeschoss ist in einem zarten Vergissmeinnichtblau gestrichen.

Die Wand des Schlafzimmers der Hausbesitzer wird von einem prächtigen Wandteppich geschmückt.

Die Villa im Blockhausstil wurde den heutigen Bedürfnissen gemäß renoviert. Jetzt gibt es in der Villa eine funktionale Küche, ein Badezimmer und Elektrizität. Die Villa wurde gestrichen, und die zum Meer hin liegende Veranda mitsamt ihrem Boden wurde renoviert, wobei der alte Stil bewahrt wurde.

In der Küche findet sich neben dem funktionierenden Holzofen ein Gas- und Elektroherd. Das neue Spülbecken wurde vor das Fenster platziert, das den Blick auf das Grundstück und das Meer freigibt. Zu früheren Zeiten brachten die Hausbewohner eine Haushaltshilfe aus der Stadt mit, die in der Küche wohnte. Das Holzsofa, das dort als Bett diente, befindet sich noch immer auf seinem alten Platz an der Küchenwand.

Obwohl der Weg zur Sommervilla nur einige wenige hundert Meter beträgt, ist das Leben hier dennoch ganz anders und den Bedingungen des alten Hauses angepasst.

Die besten Tage des Sommers

SOMMERGARTENSALAT

KARINS KLARE FISCHSUPPE

KNUSPRIGE BAGUETTES

HIMBEERSCHALE

Sommergartensalat

2 Köpfe Eisbergsalat
2 kleine Köpfe Blumenkohl
1 Zucchini

SAUCE
3–4 Teile Olivenöl
1 Teil Balsamicoessig
2 Knoblauchzehen
schwarzer Pfeffer

Den Salat waschen und die Blätter trocknen. Vom Blumenkohl kleine Röschen abzupfen. Die Zucchini in Scheiben schneiden. Die Zutaten in einer Salatschüssel anrichten. Die Sauce mischen und separat servieren.

Lila Blumenkohl macht den Salat zur Überraschung.

Karins klare Fischsuppe

4 Portionen

1 El Rapsöl
1 Bund Frühlingszwiebeln oder 1–2 Zwiebeln
1–1 ½ l Wasser
8–10 Kartoffeln
1–2 El Fischfond, konzentriert
Dill
Thymian
Salz
15–20 weiße Pfefferkörner
ca. 800 g filetierter Zander, Barsch, Hecht, Maräne, Lachs
(etwas Weißwein)

Die Zwiebeln fein hacken und in heißem Fett in einem Topf glasig dünsten. Das Wasser zufügen. Wenn das Wasser kocht, die geschälten, zerstückelten Kartoffeln hinzufügen und mit Fischfond, fein geschnittenem Dill, Thymian, Salz und weißem Pfeffer würzen.

Mögliche Gräten aus den Filets entfernen und die Fischfilets in mundgerechte Stücke schneiden. Die Fischstücke erst in die Suppe geben, wenn die Kartoffeln fast gar sind. Der Fisch braucht zum Garen nur wenige Minuten. Den Geschmack überprüfen und reichlich feingehackten frischen Dill hinzufügen.

Knusprige Baguettes

4 Stück

SAUERTEIG
600 ml Wasser
2 El Malzsirup oder Zuckerrübensirup
50 g Hefe
500 g Mehl für Brötchen

TEIG
2 Tl Salz
ca. 500 g Weizenmehl (Typ 550)
1 El Thymian oder Oregano
50 ml Rapsöl oder Öl von sonnengetrockneten Tomaten
(100 g sonnengetrocknete Tomaten)

Bei Verwendung von frischer Hefe lauwarme Flüssigkeit verwenden. Bei Verwendung von Trockenhefe die Hefe zuerst mit einem Teil des Brötchenmehls vermischen und anschließend zusammen mit dem Mehl in wärmere, etwa 42 °C warme Flüssigkeit geben. Dem Wasser Malzsirup zufügen; gewöhnlicher Zuckerrübensirup kann auch verwendet werden. Das Brötchenmehl einrühren. Den Teig 15–20 Minuten mit einem Tuch bedeckt ruhen lassen.

Das Salz und das übrige Mehl zum Teig geben, bis er ausreichend fest ist. Den Teig bei Zimmertemperatur unter einem Tuch 20–30 Minuten aufgehen lassen.

Den Teig in vier Teile teilen. Einem Teil des Teiges können Oregano, Thymian oder andere Gewürzkräuter und klein geschnittene sonnengetrocknete Tomaten zugefügt werden. Auf einer mit Mehl bestäubten Fläche den Teig zu länglichen Stangen rollen. Die Teigstangen an den Enden in jeweils verschiedene Richtungen drehen, sodass die Form der Baguettes ein wenig verdreht ist. Auf mit Backpapier ausgelegte Bleche legen, jeweils zwei Baguettes auf ein Blech. Mit einem Tuch bedecken und 15–20 Minuten aufgehen lassen.

Den Ofen auf etwa 220 °C vorheizen. Das Backblech in den Ofen schieben und aus einer Wasserflasche ein wenig Wasser in den Ofen sprühen, damit die Baguettes eine knusprige Kruste bekommen. Etwa 20 Minuten backen oder bis das Brot auch von unten gar ist.

Die Baguettes ohne Tuch auf einem Rost abkühlen lassen, so wird die Kruste knusprig.

Himbeerschale

frische Himbeeren

ROTE SAUCE
Himbeeren
Gelierzucker

Frische Himbeeren sind als solche schon köstlich. Ein Teil der Himbeeren kann zerdrückt und nach Wunsch noch passiert werden. Das Püree mit Gelierzucker oder mit aus Zucker und Wasser gekochtem Zuckerwasser süßen und zu den Himbeeren servieren, um deren Geschmack zu unterstreichen.

Karins klare Fischsuppe schmeckt je nach Fischangebot anders. Hier stammt der köstliche Geschmack von Zander und Hecht, manchmal vom Barsch und anderen kleinen Fischen und an Festtagen von Maräne und Lachs. Das leckerste Dessert sind Beeren der Saison, dieses Mal ein Schale Himbeeren.

Sommerliche Mitbringparty

Im Sommer wird viel Zeit im Freien verbracht, und oft hört man Leute erzählen, sie hätten den ganzen Sommer damit verbracht, Freunde und Verwandte zu bewirten.

Eine Mitbringparty ist da eine gute und praktische Lösung, und die Organisation nimmt nicht einmal viel Zeit in Anspruch. Bereits die Planung macht Spaß. Im Vorhinein wird festgelegt, wer was mitbringt, und es wird zusammen gekocht. Einer besorgt die Kartoffeln, ein anderer kann das Gemüse mitbringen, und ein Dritter Fleisch oder Fisch. Nach dem gleichen Prinzip kann auch ein Frühstück organisiert werden. Die Bewirtung von Sommergästen braucht also weder teuer noch anstrengend zu sein. Mitbringpartys und das gemeinsame Kochen haben auch den Vorteil, dass man lernt, auch aus unerwarteten Zutaten, die von Gästen mitgebracht werden, leckere Gerichte zu entwickeln und zuzubereiten. Die Idee von Mitbringpartys beinhaltet natürlich, dass die Mahlzeiten gemeinsam zubereitet werden.

Der Sommerabend wird draußen unter den Apfelbäumen am gedeckten Tisch verbracht. Der lange Tisch ist aus alten Planken zusammengesetzt, die mit einem Leinentuch bedeckt werden. Strauchrosen aus dem eigenen Garten und andere Blumen schmücken den Tisch. Nach Sonnenuntergang benötigen die draußen Sitzenden wärmende Decken. An den Ästen der Bäume hängen mit Kerzen beleuchtete Laternen, die in der Dämmerung eine gemütliche Stimmung verbreiten.

Die Idee hinter der Mitbringparty ist, auch eine größere Gruppe von Freunden oder Verwandten zu bewirten, indem jeder Teilnehmer vorher abgesprochene Lebensmittel mitbringt. Die sommerliche Vorspeise hier entstand aus Salat, gekochten Eiern und einer guten Salatsauce.

Ahornschloss

Die heutige Besitzerin fand das alte Landgut über eine kleine Zeitungsanzeige. Sie brach unmittelbar auf, um sich das Landhaus anzusehen, obwohl es mit dem Auto drei Stunden von der Stadt entfernt liegt.

Im Obergeschoss des auch von außen romantischen zweistöckigen Hauses befinden sich bei Bedarf weitere zweihundert Quadratmeter zusätzlicher Raum. Der Haupteingang wird dekorativ von kleinen Zuckerhutfichten und Topfpflanzen gesäumt. In das Haus gelangt man auch durch die Glasveranda an der Giebelseite.

Manchmal tut es gut, sich zum Entspannen und Lesen in die Hängematte zurückzuziehen. Für die Hängematte fand die Hausherrin einen Platz unter der hohen Decke des Kuhstalls.

Nächste Seite
Die Hausbesitzerin hat ihr neues Heim Ahornschloss genannt, denn der Zufahrtsweg wird von alten Ahornbäumen gesäumt.

remonttirahaa

Das Haus mit all seinen Wirtschaftsgebäuden hinterließ auf den ersten Blick einen bleibenden Eindruck, und heute befindet sich das Landgut seit einigen Jährchen im Besitz der neuen Eigentümerin. Sie verbringt dort viel Zeit. Eine kleine Wohnung in der Stadt benötigt sie wegen ihrer Arbeit weiterhin. Für die Zukunft jedoch plant sie, hauptsächlich in ihrem Heim auf dem Land zu leben.

Alle Veränderungen entstanden unter Berücksichtigung der von den Gebäuden gesetzten Bedingungen. Zimmer hat das 1930 fertig gestellte Steinhaus genug, und in einigen Zimmern befanden sich an den Wänden noch die alten Pappen mitsamt Tapete, und auch sonst war der Zustand des Hauses nicht besonders gut. Die alten Wandpappen wurden heruntergerissen und die, im Laufe der Zeit patinierten, gestrichenen Steinwände

Die unter Apfelbäumen platzierten Stühle und der Tisch fanden sich auf dem örtlichen Flohmarkt.

An der Giebelseite des Hauses wurde im Nachhinein eine helle Glasveranda angebaut, von der das ganze Grundstück überblickt werden kann.

Das lässig stilvolle Ambiente im Esszimmer entstand aus der Kombination von Gartenstühlen mit dem massiven Tisch und einem französischen Geschirrschrank, der wie der Fußboden mit einer hellen Lasur gestrichen wurde. Das dicke eingefasste Tischtuch fällt prächtig bis zum Boden.

darunter freigelegt, die man so belassen wollte. Die abgenutzten gestrichenen Fußböden wurden abgeschliffen und mit weißer Holzlasur behandelt.

In der Umgebung gibt es mehrere Flohmärkte, und in den Monaten nach der Renovierung machte sich die Hauseigentümerin mit ihnen bekannt. Der größte Teil der Einrichtung des Hauses stammt gerade von diesen Flohmärkten.

Der originelle und persönliche Stil ist in allen Zimmern sichtbar. Im Esszimmer wurden eiserne Gartenstühle einfallsreich mit einem stilvollen Tisch und Geschirrschrank kombiniert. Das bis auf den Boden fallende schwere Leinentischtuch ist eine Auftragsarbeit. Der prächtige Kristallleuchter entstand aus einem neoantiken Kronleuchter, der mit einzelnen Kristallen dekoriert wurde.

Die weichen Sofas im Wohn- und Fernsehzimmer laden dazu ein, die Stimmung zu genießen und sich wohl zu fühlen. Im Fernsehzimmer befindet sich ein Schrank, der eine Karaokeanlage in seinem Inneren versteckt.

Die im Kuhstall wohnende Katzenmutter hat zwei Junge geboren, von denen eines im Haus sein Heim und Refugium fand. Es hat sich schon an sein neues Zuhause und an sein Frauchen gewöhnt, auch wenn es noch ein wenig ängstlich ist.

Die Hausherrin hat den Kronleuchter im Esszimmer selbst zusammengestellt. Von dem fertigen gusseisernen Gerüst wurden einige Teile entfernt, dann wurden an ihm einzelne Kristalle befestigt. Die eindrucksvollen Kerzenständer auf dem Tisch sind neue Produkte im antiken Stil.

An der Wand hängt ein Ölgemälde des Malers Pertti Lohiniva. Die Farbwelt des Gemäldes gefiel der Hauseigentümerin, und es fand sich sofort ein passender Platz an der Wohnzimmerwand. Großformatige Gemälde sollten separat an einer gut sichtbaren Stelle aufgehängt werden, damit sie zur Geltung kommen. Die weiße Sitzgruppe wurde aus alten Sofas und Sesseln zusammengestellt, für die alle neue einheitliche Überzüge angefertigt wurden. Auch der Sisalteppich wurde nach Maß angefertigt. Ein alter Bauerntisch dient als Sofatisch. In den Dekokissen, die auf einer Inneneinrichtungsmesse in Paris erworben wurden, wiederholen sich die Farben des Gemäldes. Auch die Lampen stammen aus Paris. Die hübschen Fenster wurden ohne Gardinen gelassen. Das betont den im Raum herrschenden sommerlichen und luftigen Einrichtungsstil. Die Pracht der großformatigen Möbel, Gegenstände und Gemälde schafft einen eleganten und behaglichen Eindruck, der von den großen Blumenarrangements noch verstärkt wird.

Im Fernsehzimmer kamen unter der alten Tapete die grün gestrichenen Wände zum Vorschein. Der Hauseigentümerin gefiel die Farbe, und so blieben die Wände in ihrem alten Zustand. Dicke Vorhänge aus Seidentaft, ein Geschenk der Tochter, rahmen die Fenster ein.

Das Hauptgebäude ist umgeben von der ehemaligen Gesindestube und einem großen Stallgebäude, das früher mit allerlei Gegenständen vollgestopft war. Heute dient der Kuhstall als Festsaal. Die Hausbesitzerin wollte das schöne alte Gebäude nutzen, und daraus entstand die Idee, sommerliche Abendgesellschaften mit gutem Essen und Karaoke zu veranstalten. Die Karaokeanlage wird für diesen Zweck in den Stall gebracht, in dem durch die hohe Decke eine hervorragende Akustik herrscht.

Die langen Plankentische fanden sich auf dem Speicher der auf dem Gut befindlichen Scheune. Sie wurden sorgfältig gewaschen, und die nun grün gestrichenen Tische und Bänke wurden mitten im Stall aufgestellt. Die Hausbesitzerin hat im Stall auch eine Hängematte aufgehängt, damit sie sich an Regentagen zum Lesen und Nachdenken dorthin zurückziehen kann.

Auch im Garten gibt es genug zu tun, und jetzt, da das Haus renoviert und eingerichtet ist, bleibt genügend Zeit, sich auf die Beerensträucher und Obstbäume zu konzentrieren.

Das Gästezimmer ist mit Flohmarktfunden aus der Umgebung stimmungsvoll und behaglich eingerichtet. Zum Haushalt gehören auch zwei Hunde, die das entspannte Landleben genießen.

Im Wohnzimmer befindet sich ein funktionsfähiger weißer Kachelofen, der zwei weiß gepolsterte gustavianische Stühle als Gesellschaft bekam.

Die Eingangshalle wurde mit weiß gestrichenen niedrigen Möbeln eingerichtet. Rosen gehören zur Einrichtung, denn sie sind die Lieblingsblumen der Hausherrin.

Nächste Seite
Der alte Kuhstall wurde zum Festsaal. Die gesamte Höhe des Stalls wird genutzt, da die Zwischendecke zwischen Stall und Speicher entfernt wurde. Die alten Fenster bekamen neue Scheiben.

In der Küche dient ein Esstisch vom Flohmarkt, der in die Mitte des Raumes gestellt wurde, als Arbeitsfläche. Eine hervorragende Idee war es, an der Decke ein eisernes Gestell zu befestigen, an dem alle täglich verwendeten Töpfe und Pfannen hängen. Die stimmungsvolle Küche erinnert an eine französische Landküche.

Es ist ein Genuss, an einem sonnigen Augustnachmittag unter den Apfelbäumen zu sitzen und den Duft der reifenden Äpfel einzuatmen. Das beerige Joghurtgetränk, Blaubeersmootie, erfrischt und animiert dazu, zwischen die Beerensträucher zu schlüpfen, um Johannisbeeren zum direkten Verzehr, zum Einkochen und für den Blechkuchen zu pflücken.

Die Ernte wird eingesammelt

BLAUBEERSMOOTHIE
BEEREN AUS DEM EIGENEN GARTEN
VON PILZEN GEKRÖNTER KRÄUTERLACHS
DILLKARTOFFELN
GARTENSALAT
BEERENBLECHKUCHEN

Getränketipp des Hauses

Die Gastgeberin bevorzugt Bio-Produkte und Lebensmittel aus dem Anbau der Umgebung.

Amé, ein alkoholfreier, aus Himbeeren und Brombeeren zubereiteter prickelnder Rosé auf Traubensaftbasis, ist im Haus ein beliebtes Getränk für einen Willkommenstrunk oder bei Abendgesellschaften.

Als Bio-Weißwein zum Fisch wird beispielsweise ein kalifornischer Bonterra Viognier oder ein französischer Douce Nature Chardonnay aus dem Gebiet Languedoc-Roussillon ausgewählt. Mit dem Kräutergeschmack des Fisches harmoniert auch ein Riesling, zum Beispiel ein französischer André Stentz Riesling aus dem Elsass oder ein deutscher Rotschiefer Riesling Spätlese Trocken.

Ein Smoothie ist ein nahrhaftes Getränk, das kurz vor dem Servieren mithilfe eines Pürierstabes oder in einem Mixgerät zubereitet wird. Neben Beeren und Obst enthält es beispielsweise Milch, Joghurt, Speiseeis oder Eiswürfel.

Blaubeersmoothie

2–3 Portionen

300 g Blaubeeren
250–300 g Bio-Joghurt
Fruchtzucker oder Honig
Bio-Milch
(Bananen)
(Speiseeis)

Beeren und Joghurt mit einem Pürierstab oder im Mixer zerkleinern. Nach Geschmack Banane, Speiseeis oder Milch zugeben und das Getränk schaumig rühren. Mit Zucker oder Honig süßen. Das Getränk in Gläser verteilen.

Auf gleiche Weise kann ein Getränk aus Erdbeeren, Johannesbeeren, Preiselbeeren oder anderen Beeren zubereitet werden, und verschiedene Beeren können zu unterschiedlichen Getränken kombiniert werden. Mit Vanillezucker, Zitronen- oder Limettensaft kann abgeschmeckt werden.

Von Pilzen gekrönter Kräuterlachs

6 Portionen

etwa 1–1 ½ kg Lachsfilet

ZUM ÜBERBACKEN
1–3 El Pesto
Petersilie, Dill, Kerbel, Basilikum
Salz
Öl
Saft einer halben Zitrone oder Limette
25 g gemahlene Mandeln
25 g geriebener Parmesan oder anderer Käse

BELAG
150–250 g Pfifferlinge, Champignons oder Shiitakepilze
1 El Öl oder Butter
Salz, schwarzer Pfeffer

Das Lachsfilet mit einem angefeuchteten Stück Haushaltspapier abwischen. Gräten herauszupfen. Auf die Oberfläche des Filets mit einem scharfen Messer in etwa 4 cm Abstand schräge Kerben schneiden, genauso in der Gegenrichtung, sodass sie auf der Oberfläche ein Gitter bilden. Das Filet mit der Hautseite nach unten in eine mit Backpapier ausgelegte Ofenform legen. Auf die Oberfläche nur wenig Salz streuen, da das Pesto ebenfalls salzig ist. Pesto auf dem Filet verstreichen.

Die Kräuter abspülen, klein schneiden und in ein Mixgerät geben. Eine Prise Salz, ein wenig Öl und Zitronen- oder Limettensaft zufügen. Das Mixgerät einschalten. Die gemahlenen Mandeln und den geriebenen Käse dazugeben. Leicht vermischen und eine passende Menge auf dem Fischfilet verteilen.

Das Lachsfilet im Ofen bei 170–180 °C etwa 15–20 Minuten garen oder je nach Dicke und Größe des Fischfilets auch länger, bis der Fisch fast durch, aber von innen noch rötlich und saftig ist.

Größere Pilze in Scheiben schneiden, kleinere ganz oder halbiert in eine heiße Bratpfanne mit ein wenig Öl darin geben. Die Pilze unter Rühren anbraten und mit Salz und schwarzem Pfeffer, nach Geschmack auch mit feingeschnittener Petersilie, Dill oder einem Löffel Pesto würzen. Die heißen Pilze auf das fast gare Fischfilet geben. Den Fisch noch einige Minuten im Ofen lassen.

Dazu mit Dill gewürzte neue Kartoffeln, gekochte oder gedünstete Karotten, Fenchel, Brokkoli oder anderes Gemüse der Saison servieren.

Der grüne Gartensalat wird mit Gurke, Johannisbeeren oder anderen Beeren der Saison vervollständigt.

Beerenblechkuchen

Beeren nach Wahl
200 g Butter
270 g Zucker
1 Pck. Vanillezucker
230 g Mehl
½ Pck. Backpulver
5 Eier, getrennt

Eidotter, Zucker, Vanillezucker und Butter schaumig rühren. Eiweiß zu Schnee schlagen. Mehl und Backpulver mischen und Eischnee dazugeben. Den Teig auf ein Backblech streichen und mit Beeren belegen. Ebenfalls gut geeignet sind Aprikosen oder Pflaumen.

Bei 190 Grad backen bis die Oberfläche goldbraun ist.

Nach dem Auskühlen eventuell mit Puderzucker bestreuen.

Das mit Kräutern gewürzte Lachsfilet ist ein hervorragendes Essen für Gäste oder Hauptgericht einer Wochenendmahlzeit. Der vorbereitete Fisch kann in den Ofen geschoben werden, sobald die Gäste eintreffen.

Der Beerenblechkuchen ist eine wahre Sommerköstlichkeit.

Der Herbst zu Gast in der Stadt

Das in sanftem Weiß gehaltene Heim kleidet sich in Herbstfarben. Ein professioneller Innenarchitekt hat die alte Stadtwohnung zu einem modernen und funktionalen Zuhause für zwei Erwachsene renoviert.

Der kleine Lüftungsbalkon in der Herbstsonne.

Zu den verschiedenen Jahreszeiten passende Schnittblumen bringen auch in kleinen Sträußen Freude und Farbe ins Zuhause.

Der Grundriss ist funktional, was der Besitzerin gefiel, aber in der alten und verwohnten Wohnung mussten alle Oberflächen erneuert werden. Jetzt sind diese sanftweiß und passen zu allen Jahreszeiten.

Im Herbst wird mehr Zeit zu Hause verbracht, und dann wünscht man sich etwas Wärmendes und Buntes um sich. Die Wohnungsbesitzer besaßen bereits vorher Gemälde in leuchtenden Herbstfarben, von denen sie sich zu den Farben für die Textilien inspirieren ließen. Kissen und Decken in warmen Farben genügen, um in der herbstlichen Stadtwohnung das passende Ambiente zu schaffen. Die Farbtöne wiederholen sich in den dunklen Erbstücken des Mobiliars.

Die Küche ist modern und in Weiß gehalten. Die hölzernen Flächen und der dunkelgraue Steinboden geben der Einrichtung Wärme.

Der große Esstisch wurde in die unmittelbare Nähe der offenen Küche platziert. Um den Tisch versammelt man sich häufig am Abend mit der Familie und Freunden. Neben dem Essen sind Kerzen und das Licht wichtig, um eine herbstliche Stimmung zu erschaffen. In diesem Zuhause hat man Freude an Wein und gutem Essen.

Die Gastgeberin bereitet die Mahlzeit für den Abend vor. Die Arbeitsflächen aus Eichenholz, die grauen Fußbodenkacheln und der natürliche Sisalteppich bringen Wärme in die moderne weiße Küche.

Naturfarben wiederholen sich überall in der Wohnung. Sie machen die Einrichtung zu einer eleganten Einheit, in die von kleinen, mit Bedacht gewählte Details bei den Gegenständen und Farben Originalität gebracht wird.

Das in gebrochenem Weiß gehaltene Wohnzimmer wurde mit Farben, zu denen die herbstliche Natur und das an der Wand hängende Gemälde inspiriert haben, für den Herbst hergerichtet. Die Farben wiederholen sich in den Kissen und den Schnittblumen. Der Raum verändert sich nach dem Sonnenuntergang, wenn alle Kerzen und Teelichte angezündet werden und deren Licht die richtige Stimmung im Zimmer schaffen.

Die am Strand gesammelten Steine erinnern an den vergangenen Sommer.

Einladung zum Genießen

Ein Garnelenessen ist, auch aus einer spontanen Idee heraus, ganz unkompliziert vorzubereiten, denn es werden lediglich ungeschälte Tiefkühlgarnelen, gutes Weißbrot, Dill, Mayonnaise und Fingerfertigkeit benötigt.

Für einem Spätsommertag eignen sich auch gekochte Flusskrebse, die in der Abenddämmerung verspeist werden.

GARNELEN UND MAYONNAISE

LANDBROT ODER WEISSBROT

ERDBEEREN ODER ERDBEERSORBET

Getränketipp des Hauses

Zu den Garnelen wird ein erfrischend säuerlicher trockener Riesling, wie der australische Yalumba oder der chilenische Doña Isidora, serviert. Mit dem Aroma der Garnelen harmoniert auch ein portugiesischer Vinho Verde, beispielsweise ein Gazela oder ein chilenische Sauvigon Blanc Ninth Island.

Flusskrebse sind ein seltener Leckerbissen für festliche Anlässe. An Weißweinen passt dazu beispielsweise ein französischer trockener, lieblich säuerlicher Chardonnay aus dem Gebiet Chablis, wie der Petit Chablis aus Laroche oder der Chablis 1er Cru Montée de Tonnerre, oder ein Sauvignon Blanc vom Gebiet Sancerre, zum Beispiel der Sancerre La Chatellenie. Von den elsässischen Weisweinen sind beispielsweise der trockene Riesling Réserve Dopff oder ein halbtrockener, fruchtiger Gewürztraminer, wie der Gisselbrecht Gewurztraminer, zu empfehlen.

Garnelen

Pro Person 250–500 g tiefgekühlte ungeschälte, gegarte Garnelen einplanen. Die Garnelen im Kühlschrank in einem Sieb 5–6 Stunden auftauen lassen oder auf Zeitungspapier bei Zimmertemperatur einige Stunden auftauen lassen. Zum Servieren die Garnelen in eine Schüssel geben, aus der sich jeder bedienen kann, um sie selbst zu schälen.

Die dazu gereichte Mayonnaise säuerlich frisch würzen. Dafür eignet sich Meerrettich, Zitrone, Dijonsenf, Salz, Zucker und Pfeffer. Auf den Tisch kleine Wasserschüsseln mit Zitrone zum Händewaschen stellen. Zu den Garnelen Dill und gutes Hefelandbrot oder geröstetes Weißbrot servieren.

DAS KOCHEN VON KREBSEN

40 Krebse
5 l Wasser
170–180 g grobes Meersalz (35 g/1 l Wasser)
2–3 Stück Würfelzucker
2 kleine Bund Dillstängel
Dill zum Dekorieren

Die Krebse vorsichtig waschen. Wenn nötig, eine weiche Bürste benutzen. Gleichzeitig überprüfen, dass alle Krebse lebendig sind. Den Krebsen kurz auf den Schwanz klopfen: Ein lebendiger Krebs krümmt den Schwanz, beim toten Krebs bleibt der Schwanz gerade.

Das Wasser in einen großen Topf von etwa 10 Litern geben. Die Dillstängel abspülen. Einen Bund Dillstängel mit kochfestem Baumwollgarn zusammenbinden und mit dem Meersalz und den Zuckerwürfeln in das Kochwasser geben. Das Wasser aufkochen lassen. Die Krebse in das kochende Wasser geben und mit einer Schaumkelle unter Wasser drücken. Den Topf mit einem Deckel bedecken.

Wenn das Wasser erneut zu kochen beginnt, eine Uhr stellen und die Krebse etwa 10 Minuten kochen. Bei kleinen Krebsen genügen 8 Minuten, Riesenkrebse benötigen eine längere Kochzeit von etwa 12 Minuten. Wenn der Krebs gar ist, löst sich der Schwanz vom Rückenpanzer und der Rand des Rückenpanzers wölbt sich.

Mit der Schaumkelle alle mitgekochten Dillstängel aus dem Wasser nehmen. Frische Dillstängel ins Wasser geben. Die Krabben in ihrem Sud möglichst schnell abkühlen lassen. Den Topf zum Abkühlen beispielsweise in kaltes oder laufendes Wasser stellen. Wenn die Krebse schnell abgekühlt werden, verbessert sich ihre Haltbarkeit. Den Sud nicht mit schmutzigem Kochwerkzeug oder mit bloßen Händen anfassen, denn er kann sehr schnell verderben. Saubere Einweghandschuhe verwenden. Morgens gekochte Krebse sind am gleichen Abend am besten, d. h. etwa 10–12 Stunden nach dem Kochen.

Die Krebse kurz vor dem Servieren abtropfen lassen. Kühl, aber nicht zu kalt servieren.

Die Krebse auf einer flachen Schüssel mit den Scheren nach außen anrichten und mit Dill dekorieren.

Es werden 6–12 Krebse pro Person gerechnet, aber auch weniger Krebse sind ein Festessen. Zu den Krebsen wird geröstetes Brot, fein geschnittener Dill und Butter gereicht.

Auf den Tisch wird ein Krebsmesser und genügend Servietten gedeckt. Zum Händewaschen bekommt jeder Gast eine Wasserschüssel und ein Stück Zitrone.

Ein Garnelenessen ist leicht vorzubereiten. Zu den Garnelen braucht man nur noch gutes Landbrot, Dill und mit Meerrettich, Zitrone und Senf gewürzte Mayonnaise.

Erdbeersorbet

8 Portionen
250g frische oder tiefgekühlte Erdbeeren
5–6 Blatt Gelatine
200 g Zucker
150 ml Wasser
Saft einer Zitrone oder Limette
400 g Schlagsahne

Die Gelatineblätter in kaltem Wasser einweichen.

Den Zucker und das Wasser in einem Topf 5–10 Minuten ohne Deckel kochen lassen. Flüssigkeit aus den Gelatineblättern drücken, den Topf vom Herd nehmen und die Gelatine zum Aufweichen in das Zuckerwasser geben.

Die Beeren in einem Küchengerät pürieren und die Gelatinemischung bei laufendem Gerät dazugeben. Das Püree mit dem ausgedrücktem Saft der Zitrone oder Limette würzen. Die Sahne schlagen. Das fast abgekühlte Beerenpüree in kleinen Portionen zu der Schlagsahne geben.

Das Gemisch in eine Form geben, mit Folie abdecken und gefrieren lassen. Das Sorbet spätestens am Abend vor dem Servieren zubereiten.

Wegen der Gelatine kann das Sorbet frühzeitig aus dem Gefrierfach genommen und in den Kühlschrank gestellt oder 30–45 Minuten vor dem Servieren in Zimmertemperatur gestellt werden. Das Sorbet zum Servieren in eine Schüssel stürzen und mit Beeren dekorieren oder im Mixgerät aus Beeren eine Sauce pürieren und mit Zucker süßen.

Erdbeeren duften und schmecken nach Sommer, und sie sind heutzutage während des ganzen Sommers erhältlich. Wenn die Himbeerzeit beginnt, wird mit Himbeeren geschlemmt..

Glanz alter Zeiten

Den Besucher, der durch das Eisentor des typischen mehrstöckigen Hauses aus den 1920er-Jahren tritt, erwartet eine Überraschung. Obwohl man sich mitten in der Stadt befindet, schmücken den Innenhof hübsche Bepflanzungen und ein riesiger Ahornbaum, der ein schützendes Dach über dem Hof bildet. Am meisten überraschen jedoch die vor etwa fünf Jahren gebauten gläsernen Fahrstuhlschächte, die in der Herbstsonne wie Kristalle glitzern.

Die Herbstsonne spiegelt sich in den zahlreichen Fenstern der verglasten Balkone. Die Fensterfronten können zur Seite geschoben werden, wenn die Sonne warm genug scheint. Das Spitzenmuster der in der Türöffnung angebrachten Gardine, die aus einer alten Tischdecke gefertigt wurde, wiederholt sich in den Glastüren der Küchenschränke. Aus einem der Balkonfenster sieht man den im Innenhof wachsenden Ahornbaum, dessen Krone in Herbstfarben erstrahlt. Der Balkon ist mit romantischen Eisenmöbeln und mit großen bepflanzten Keramiktöpfen eingerichtet.

Ein Teil der alten Ziegelwand wurde sichtbar gelassen, als die Wand zwischen der Küche und dem Flur abgerissen wurde. Hinter der alten Glastür versteckt sich ein Wäschetrockner. Die Fußbodenbohlen wurden abgeschliffen und dunkel gestrichen. Als Tischbein dient ein neuantikes weißgestrichenes Eisengestell.

Die herbstlichen Früchte sind in dieser Wohnung auf natürliche Weise präsent, und sie sehen aus wie auf einem alten Gemälde. Die Vitrine im Hintergrund dient als Geschirrschrank in der Küche.

Die Küche vom Balkon aus gesehen. Die Schränke sind alte Vitrinen, die einheitlich gestrichen wurden. Die Wand zwischen der Küche und dem Flur wurde abgerissen. Dadurch schuf man Platz für einen großformatigen Esstisch, der bei Bedarf mitten in den Raum gestellt werden kann. Links ist das Wohnzimmer zu sehen, und rechts befinden sich sowohl das Schlaf- als auch das Badezimmer. Der alte mit Holz beheizbare Herd fand sich auf einem Flohmarkt, und die Hausherrin ließ einen Elektroherd darin einbauen. Der Holzherd funktioniert nicht mehr, aber er bringt eine nostalgische Stimmung in die Küche.

In jedem Stockwerk befinden sich zwei Wohnungen, dazwischen befindet sich ein Flur.

Sowohl der Flur als auch die Balkone sind vollständig verglast, und der Haupteingang führt vom Flur über den Balkon direkt in die Küche.

Schon auf dem Balkon sieht man, dass die Besitzerin dieser Wohnung alte Gegenstände liebt. Sie hat sich mitten im Trubel der Großstadt eine romantische Umgebung mit Persönlichkeit geschaffen.

Die Atmosphäre setzt sich in der Küche fort, in die man vom Balkon aus durch eine Doppeltür gelangt. Die Besitzerin zieht eine nostalgische Küche einer modernen klassischen Küche vor. So hat sie die Küchenschränke aus alten restaurierten Türen und Vitrinen, die einheitlich gestrichen wurden, zusammengestellt. Alle Geräte sind hinter Glastüren versteckt. In die Fläche des alten Holzherdes wurde ein Elektroherd eingesetzt, und der alte Herd hat nur noch die Aufgabe, Stimmung zu erzeugen. Das Spülbecken wurde an seinen Platz gemauert und weiß gestrichen. Die Kristallgläser haben in der Vitrine, die der einzige richtige Geschirrschrank in der Küche ist, einen würdigen Platz gefunden. Der Trockenschrank durfte auf seinem Platz gegenüber bleiben, aber in ihn wurden antike Glastüren mit einem Spitzenmuster eingesetzt.

Der Glanz alter Zeiten spiegelt sich in der tragbaren kleinen Vitrine, die von einer Auktion stammt. Die Karaffen und kleinen Gläser befinden sich alle an ihrem eigenen Platz.

Das romantische Schlafzimmer ist in Gewürztönen gehalten. Für das neuantike Metallbett wurden zusammenpassende Kissen und eine Tagesdecke angefertigt.

Nächste Seite
Die in der Bekleidungsbranche tätige Hausherrin besitzt Raritäten, die als Teil der Einrichtung ausgestellt sind. Das schöne Kleid an der Modellpuppe stammt aus dem 18. Jahrhundert. Die Kachelöfen in der Wohnung wurden restauriert, und nun beheizen sie effektiv die hohen Zimmer des Altbaus.

Das mit dickem Samt überzogene Sofa fand sich auf einer Auktion, genau wie der golden gerahmte Spiegel mitsamt seiner Konsole. Beide harmonieren mit der Atmosphäre des Hauses.

Die Wand zwischen der Küche und dem Flur wurde entfernt, und nun dient der Raum als Esszimmer. Für den Esstisch ließ man beim Schreiner eine Tischplatte und zwei Ausziehplatten anfertigen. Wenn viele Gäste kommen, wird der Tisch in die Mitte des Raumes gestellt. Komplett ausgezogen können zwölf Personen an ihm sitzen.

Ein Teil der zum Vorschein gekommenen alten Ziegelwand wurde sichtbar gelassen. Überall in der Wohnung wurden gebrochene Erdtöne verwendet, zu denen das städtische Milieu rund ums Haus inspiriert hat. Die Möbel sind Fundstücke von Versteigerungen und Antikmärkten, auf denen sich die Besitzerin gerne umschaut.

Die verglasten Balkone veränderten die Atmosphäre des Hauses, und gute Nachbarn sind wichtig, da man sich viel auf den Balkonen aufhält und die Sicht von einem Balkon auf den anderen ungehindert ist. Die Bewohner des Hauses teilen sich auch gemeinsame Außenflächen im Garten des Innenhofes, wo man sich oft versammelt, um zu grillen und den Abend gemeinsam zu verbringen.

Herbstfarben

FARFALLE-HÜHNCHENSALAT
GEGRILLTER FISCH
GEMÜSE DER SAISON
OBST

Getränketipp des Hauses

Ein italienischer trockener Schaumwein, wie Rotari, Ferrari Brut oder zu festlichen Anlässen ein Antica Fratta Franciacorta Brut

Farfalle-Hühnchensalat

4–6 Portionen

500 g dreifarbige Farfalle
Wasser, Salz
1–2 El gutes Olivenöl

SALATSAUCE
4 El gutes Olivenöl
1–2 El Balsamicoessig
1–2 Knoblauchzehen
Zitronen- oder Limettensaft
Thymian, Salz, schwarzer Pfeffer

FÜR DEN SALAT
1 Glas sonnengetrocknete Tomaten in Öl
1 Glas schwarze oder grüne Oliven
1–2 gegrillte Hühnchen
frisches Basilikum
ein Stück Parmesan

Die Nudeln in reichlich gesalzenem Wasser nach Packungsanleitung al dente kochen. Ein wenig Öl in das Kochwasser geben, damit die Nudeln nicht verkleben. Die Nudeln abtropfen lassen und kurz mit kaltem Wasser abschrecken.

Für die Sauce den Knoblauch fein hacken und mit Balsamicoessig, Zitronen- oder Limettensaft, Thymian, Salz und schwarzem Pfeffer vermischen. Unter kräftigem Rühren das Öl zugeben. Den Geschmack überprüfen und die Sauce unter die noch warmen Nudeln mischen. Mehrere Stunden durchziehen lassen, am besten über Nacht.

Die sonnengetrockneten Tomaten in Streifen schneiden und in den Salat geben. Die Oliven und zum Befeuchten Öl von den Tomaten dazugeben. Die Haut und die Knochen von dem gegrillten Hühnchen entfernen, und das Fleisch zerstückelt in den Salat geben. Den Salat vermischen. Schwarzen Pfeffer darüber mahlen und Thymian und frische Basilikumblätter darauf streuen. Auf den Salat mit einem Kartoffelschälmesser dünne Scheiben Parmesan hobeln.

Die dreifarbige schmetterlingsförmige Farfalle eignet sich gut als Zutat für den bunten Salat. Die grüne Farbe stammt von Spinat, die rote von Tomaten, und die hellen Nudeln sind aus Hartweizenmehl zubereitete ungewürzte Pasta. Der Salat lässt sich schnell und einfach aus gegrilltem Hühnchen, sonnengetrockneten Tomaten, Oliven und darauf gehobelten Parmesanspänen zubereiten.

Das Grillen von Fisch ist eine Kunst für sich. Bevor der Fisch auf den Grillrost gelegt wird, sollte die Glut fast erloschen sein. Der Fisch wird mit Haut und Schuppen gegrillt. Die verkohlte Haut entfernen und den Fisch mit Salz und Zitronensaft gewürzt verzehren. Auf dem Rost kann man auch Gemüse der Saison wie Zucchini- und Auberginenscheiben sowie Paprikaspalten garen.

Gegrillte Maräne

4–8 Portionen
2–3 Maränen mit Schuppen
Salz
Zitronensaft
Öl

Die Fische innen mit Zitronensaft würzen. In die Seiten ein paar Einschnitte machen und die Oberfläche mit Zitronensaft und Öl einreiben.

Ein ganzer Fisch ist leichter zu behandeln, und er verkohlt nicht, wenn man unter den Fisch auf den Rost eine für das Grillen geeignete stabile Aluminiumform stellt. Die Glut sollte sich mindestens 20–30 Minuten in Ruhe entwickeln. Eine rote Glut ist schön anzusehen, aber erst wenn sie grau wird, eignet sie sich zum Garen von Fisch.

Die Maräne bei geeigneter Glut auf dem Grill etwa vier Minuten von beiden Seiten garen. Prüfen, ob der Fisch gar ist. Ein kleiner Fisch gart schnell, eine große Maräne benötigt eine längere Garzeit.

Die Haut mit den Schuppen entfernen und die weißen Filets von den Rückengräten entfernen. Die Fischstücke kann jeder nach Belieben mit Salz bestreuen, mit Zitronen- oder Limettensaft beträufeln und mit Pfeffer aus der Mühle würzen.

Gegrilltes Gemüse

Zucchini und Auberginen zu dicken Scheiben schneiden. Die Scheiben mit Öl bestreichen und zum Würzen Thymian, Oregano oder Rosmarin darüber streuen. Von beiden Seiten jeweils ein paar Minuten grillen.

Eine Paprika halbieren, die Samen entfernen und die Paprika in großen Stücken grillen. Verkohlte Schale entfernen und mit Salz, schwarzem Pfeffer und einem Tropfen Öl würzen.

Obst ist ein hervorragender Nachtisch.

Begegnung der Kulturen

Auf der in Herbstfarben gekleideten Terrasse des finnisch-französischen Hauses werden den Besuchern kleine Vorspeisen angeboten, bevor man sich ins Haus hinein begibt

Auf der Terrasse des zweistöckigen Hauses wurde eine herbstliche Stimmung geschaffen. Eine gute Idee ist es, den offenen Raum mit Vorhängen vor Wind zu schützen, die bei Bedarf zugezogen werden können. Die farbigen Kerzen wurden in Gläser gestellt, wo sie trotz des Windes gleichmäßiger brennen. Verschiedene Stimmungen können erzeugt werden, indem man gleichartige Gegenstände zusammen stellt. Teelichte beispielsweise wirken als große Gruppe effektiver als hier und da einzeln verstreut.

Die Laternen aus farbigen Glas hängen in einer langen Reihe unter dem Terrassendach, wo sie eine angenehme Stimmung erzeugen.

Die kleinen köstlichen Vorspeisen, werden vor dem eigentlichen Abendessen verzehrt, das auf französische Art vielleicht in einem Restaurant gegessen wird. Auf der Terrasse im Obergeschoss des Hauses bewegt der Wind die leichten Vorhänge, und die an der Decke hängenden bunten Laternen klirren klangvoll.

Im Haus am Waldrand lebt man mit den Jahreszeiten. Im Sommer hält man sich viel draußen auf bei Gartenarbeit und auf dem Balkon, der das Haus umrundet. Im Herbst macht man es sich oft im Kaminzimmer im Untergeschoss des Hauses gemütlich.

Das Obergeschoss ist mit cremigen Farbtönen eingerichtet, die von den Kissen in hellen Lilatönen und den Grünpflanzen noch betont werden. Die gleichen Töne wiederholen sich im mit der Küche verbundenen Esszimmer.

Die Orchidee auf dem Sofatisch im Obergeschoss harmoniert mit den Kissen im gleichen Farbton.

Blühende Zimmerpflanzen wie die Orchidee sind ein wichtiger Teil der Einrichtung, solange man daran denkt, die Farben der Pflanzen so auszuwählen, dass sie zu der übrigen Einrichtung passen

Das Wohnzimmer im Obergeschoss wird vorwiegend im Sommer genutzt. Sowohl für das Wohnzimmer als auch für das Esszimmer wurden bewusst helle Farbtöne ausgewählt. Das Obergeschoss ist von einem Balkon umgeben, auf dem sich die Bewohner im Sommer aufhalten.

Die schlichten großen Grünpflanzen und die stattlichen Laternen bringen geben der hellen Einrichtung Robustheit. Eine gute Idee ist es, die Sofakissen Ton in Ton zu wählen. Sie bringen Ruhe und gleichzeitig Farbe in die Einrichtung.

Kerzen und Laternen gibt es reichlich. Durch die Wärme und das stimmungsvolle Licht, das sie verbreiten, wird auch die herbstliche Dunkelheit angenehm.

Aus dem Esszimmer gelangt man auf die Terrasse, die zu Ehren des Herbstes auf marokkanische Art mit farbigen Kissen, mit Gruppen großer Laternen und mit schützenden Vorhängen eingerichtet wurde. In der Abenddämmerung erschaffen zahlreiche verschiedenfarbige Kerzen eine heimelige Stimmung.

Im Obergeschoss wohnt und hält man sich überwiegend im Sommer auf. Die Einrichtung des Untergeschosses ist bewusst herbstlicher gehalten, da sich dort das Kaminzimmer und die Sauna befindet. Die Bewohner haben in das Untergeschoss auch ein eigenes Fitnessstudio gebaut, dass sie erst im Herbst in Gebrauch nehmen. Die üppigen Ledersofas wurden inmitten des Raumes vor den Kamin platziert. Durch das Kaminzimmer gelangt man nach der Sauna zum Abkühlen auf die Terrasse.

Das Kaminzimmer wurde bewusst herbstlich eingerichtet, da man im Herbst und im Winter mehr Zeit im Untergeschoss verbringt. Die dunklen Ledersofas wurden gegenüber vom Kamin mitten im Raum platziert. Im Kaminzimmer kann man sich auch nach der Sauna abkühlen, und von dort gelangt man auf die überdachte Terrasse. Kissen und Decken laden dazu ein, es sich gemütlich zu machen.

Im Schlafzimmer im Untergeschoss sind reichlich Stoffe verwendet worden, aber die Farbenwelt ist dennoch graphisch und geradlinig. Das Rot bildet neben dem Blau und Weiß erfrischende Farbkleckse.

Das bis ins Detail und mit Bedacht eingerichtete Schlafzimmer befolgt den leichteren hellen Einrichtungsstil im Obergeschoss. Die Kombination von Schokoladenbraun und Türkis wiederholt sich konsequent bis zur Farbe der Kerzen.

Die Bewohner des Hauses reisen viel, und oft geht die Reise in Richtung Frankreich, dem Heimatland des einen Partners. Das eigene Zuhause und seine Farbwelt sind bis ins kleinste Detail im Gedächtnis, sodass die Anschaffung neuer Gegenstände und Textilien auf diesen Auslandsreisen genauso gut funktioniert wie daheim in Finnland. Oft befindet sich im Reisegepäck etwas Exotisches aus fremden Kulturen. Die Herausforderung und der Spaß bei der Einrichtung des Hauses bestehen dann auch darin, die zu Hause und in fremden Ländern angeschafften Gegenstände zu einer harmonischen Gesamtheit zu kombinieren.

Vorspeisen für den kleinen Hunger

TOAST MIT ZIEGENKÄSE
PORREE-SCHINKEN-QUICHES
FETA-OLIVEN-QUICHES
SPECKRÖLLCHEN MIT APRIKOSEN- UND PFLAUMENFÜLLUNG

Getränketipp des Hauses

Nach Geschmack der Hausherren passt zu den kleinen Häppchen ein französischer Roséwein, zum Beispiel ein Rosé d'Anjou. Als alkoholfreie Alternative gibt es Preiselbeersaft.

Ein Aperitif ist ein appetitanregendes, meist alkoholisches Getränk, das vor dem Beginn der Mahlzeit serviert wird. In Spanien werden zu dem Getränk verschiedene Tapas verzehrt.
In Frankreich ist der Verzehr von kleinen Häppchen zum Aperitif ein neuer Trend mit dem Namen *dinnatoire*. Schaut man kurz mal bei Freunden vorbei, wird ein Aperitif mit leckeren kleinen Häppchen gereicht. Vielleicht bleibt man dann auch etwas länger.

Toast mit Ziegenkäse

16 Stück

4 Scheiben Toastbrot
gutes Olivenöl
8–16 Gartenerdbeeren
200 g Ziegenkäse, zum Beispiel Sainte Maure Chèvre
Petersilie oder Basilikum

Die Toastscheiben in vier Stücke schneiden. Auf die Brote ein wenig Öl träufeln und anschließend im Ofen oder auf dem Grill toasten. Die Gartenerdbeeren in Scheiben schneiden und auf die Brote legen. Den Ziegenkäse in dünne Scheiben schneiden und auf jedes Brot ein Stück Käse geben. Wenn es Schwierigkeiten bereitet, den weichen Käse zu schneiden, den Käse vor dem Schneiden kurz zum Festwerden ins Gefrierfach legen. Die Brote kurz vor dem Servieren im Ofen oder auf dem Grill erhitzen. Als Dekoration eignen sich Basilikum- oder Petersilienblätter.

Kleine Quiches

24 Stück

400 g Blätterteig

PORREE-SCHINKEN-FÜLLUNG
1 Ei
50 ml fettarme Milch
30–60 g geriebener Emmentaler
75 g feingeschnittenes Porree
(nur der weiße Teil)
½–1 El Öl
ca. 100 g geräucherter Schinken
schwarzer Pfeffer, Salz

FETA-OLIVEN-FÜLLUNG
1 Ei
50 ml fettarme Milch
30 g geriebener Emmentaler
ca. 150 g Ziegenfeta
ca. 12 grüne Oliven ohne Stein
Oregano, schwarzer Pfeffer

Die tiefgefrorenen Blätterteigplatten voneinander lösen und bei Zimmertemperatur auftauen lassen. Die Teigplatten bei Bedarf ein wenig dünner ausrollen. Aus dem Teig mit einer Form von 5–6 cm Durchmesser oder mit einem Glas Kreise ausstechen und diese in passende Metallformen drücken.

Die letzten sonnigen Herbsttage werden draußen verbracht. Ein Glas frischer Roséwein oder Preiselbeersaft schmeckt zu den warmen Häppchen. Es werden kleine Toastecken mit Erdbeerscheibchen und Ziegenkäse serviert. Anstelle der Erdbeeren können auch Preiselbeeren aus dem anliegenden Wald als farbige Dekoration für die Brote mit Ziegenkäse verwendet werden.

Saftige getrocknete Aprikosen und Pflaumen ohne Stein schmecken in ihrem warmen Herbstmantel überraschend lecker. Sie werden in geräuchertem Schinkenspeck eingewickelt und im Ofen erhitzt.

Für die Füllung das Ei, die Milch und den geriebenen Käse vermischen. Den weißen Teil vom Porree abspülen, halbieren und in möglichst kleine Stückchen schneiden. Den Porree in einer Pfanne in wenig Fett kurz dünsten. Den Schinken klein schneiden und zusammen mit dem Porree zu der Eiermilch geben. Mit schwarzem Pfeffer und einer Prise Salz würzen. Die Füllung auf dem Gebäck verteilen. Bei 200 °C etwa 15 Minuten backen, bis die Füllung goldbraun ist und der Blätterteig gar und auch von unten knusprig ist.

Den Fetakäse in kleinen Stücken und die Oliven zu dünnen Scheiben geschnitten auf den Teigschalen verteilen. Das Eiergemisch mit Oregano und schwarzem Pfeffer würzen und in den Förmchen verteilen. Bei 200 °C etwa 15 Minuten backen, bis das Gebäck auch von unten gar ist. Zusammen mit Kirschtomaten warm servieren.

Speckröllchen mit Aprikosen- und Pflaumenfüllung

1–2 Päckchen Bacon
200 g weiche getrocknete Aprikosen und getrocknete Pflaumen ohne Stein

Die Speckscheiben halbieren und einen dünnen Streifen Speck so um eine getrocknete Frucht binden, dass sich die Nahtstelle an der Unterseite befindet. Die Röllchen mit einem Zahnstocher fixieren. In einer Ofenform kurz vor dem Servieren im Grill oder bei 200 °C im Ofen braten, bis die Oberfläche eine appetitanregende Farbe bekommt und ein Teil des Fettes in die Form gelaufen ist. Die Röllchen als schmackhafte Häppchen servieren.

Quiches, kleine Blätterteigpasteten, können leicht aus gefrorenem Blätterteig zubereitet werden. Neben der Porree-Schinken-Käse-Füllung und der Feta-Oliven-Füllung eignen sich hervorragend Pilze, Brokkoli, Hühnchen und Fisch.

Der japanische Garten umgibt das am Meer liegende Haus von allen Seiten. Der Garten mit seinen niedrigen Pflanzen lässt die Sicht auf das Meer frei, und daneben ist er leicht zu pflegen und im Herbst am schönsten anzusehen. An geeigneten Stellen platzierte steinerne Laternen bringen den Garten an Herbstabenden zum Leben.

Kleine durchdachte Details erschaffen die Stimmung auf dem vom Wohnzimmer zugänglichen Balkon. Die Holzstühle und der originelle, aus kleinen schwarzen Steinchen angefertigte Teppich vor dem weißen Hintergrund teilen die Atmosphäre des japanischen Gartens auf der Außenseite. Die Idee mit dem Teppich kann man auch leicht selbst verwirklichen. Bastelgeschäfte verkaufen sowohl Netze, die bereits mit Klebstoff beschichtet sind, als auch verschiedenfarbige Dekosteinchen, die nur noch an dem Netz befestigt werden müssen.

Eine Prise Exotik

Die Besitzerin dieses Reihenhauses verliebte sich schon vor Jahren in asiatische Möbel und Gegenstände, lange bevor diese dann auch in Einrichtungshäusern auftauchten. Für das Haus wurden zunächst kleine Gegenstände angeschafft, mit denen man leicht die Wirkung der Einrichtung verändern konnte. Die Vorliebe für die fernöstliche Kultur wuchs, und sie hat sich auf die originelle und mutige Einrichtungsphilosophie der Hausbesitzer ausgewirkt.

Die Hausherrin ist in der Gastronomie tätig, und zaubert für ihre Gäste neben traditionellen Köstlichkeiten auch exotische Speisen aus fernen Ländern. Ebenso serviert sie an ihrem eigenen Tisch oft würzige und exotische Gerichte aus fremden Kulturen.

Das östliche Ambiente setzt sich auch im Garten fort, der sich auf einem mit Fichten bewaldeten Grundstück, das sanft zum Meeresstrand hin abfällt, befindet. Die Besitzer des Hauses träumten von einem japanischen Garten mit Wasser, steinernen Laternen und Pflanzen, und haben sich diesen Wunsch erfüllt. Die an Herbstabenden im Garten brennenden Fackeln der Steinlaternen sowie die exotische Atmosphäre im Inneren des Hauses wirken gut gegen das im Herbst oft auftretende Fernweh.

Das Haus hat drei Stockwerke, von denen jedes seine ganz eigene Stimmung hat. Die Dekorationen der Zimmer passen sich entsprechend an. Im Schlafzimmer der Hausbesitzer schmückt ein alter hölzerner, mit üppigen Schnitzereien verzierter, fernöstlicher Türrahmen das Kopfende des Bettes. Die Seidenkissen in leuchtenden Farben auf dem Bett und der mit Kristallen in verschiedenen Farben und Formen dekorierte Kronleuchter bringen einen Hauch von östlicher Exotik in das Zimmer. In einem anderen Zimmer liegt ein Zebrafell auf dem Boden, im dritten stehen ein kleiner fernöstlicher Schreibtisch mit Spiegeln und chinesische Beistelltischchen.

Die Gastgeberin bereitet in der gut ausgestatteten Küche eine asiatische Mahlzeit zu.

Das Haus ist voller kleiner origineller Details, wie die Küchenlampe, die auf das geliebte Hobby der Besitzerin, das Kochen, hinweist. Der aus Besteck zusammengesetzte Lampenschirm sowie die mit romantischen Schnitzereien dekorierten Schranktüren bilden in der Küche ein eigenes Kunstwerk. Diese Idee kann man auch selbst verwirklichen, indem man altes Besteck an einem fertigen Lampenschirm befestigt. Man braucht nur Löcher in den Lampenschirm und in das Besteck zu bohren, und dann das Besteck mit Haken befestigen.

Vorige Seite
Das geräumige Wohnzimmer ist hauptsächlich mit Bauernantikmöbeln und mit anderen geerbten Möbelstücken eingerichtet. Die chinesischen Teppiche und das bunte Tischgedeck mit Essstäbchen bringen einen Hauch von Exotik in die Einrichtung.

Der dekorative fernöstliche Rahmen für eine Feuerstelle dient im engen Flur als Ablage. Im darüber hängenden modernen Kristallleuchter befinden sich Halogenlampen und große Kristalle, die das Licht reflektieren, das vom Spiegel zurückgeworfen wird.

Die neueste Anschaffung ist ein aus Indonesien stammender Türrahmen mit schönen Holzschnitzereien, der das Kopfende des Bettes verschönert. Den bunten Kronleuchter hat die Hausherrin aus gesammelten Glasobjekten in verschiedenen Größen und Farben selbst zusammengestellt. Bereits durch wenige Kristalle bekommt ein einfacher Kronleuchter zusätzlichen Glanz.

Die geerbten Antikmöbel haben im Wohnzimmer einen Platz zwischen später angeschafften Bauernmöbeln und chinesischen Teppichen gefunden. Der prächtige weiße Diwan wurde bereits vor Jahren angeschafft, aber mit einem neuen Stoff passend zu diesem Heim bespannt. Im Wohnbereich des untersten Stockwerks hat man helle skandinavische Möbel mit Korbmöbeln und dunklen Holzskulpturen kombiniert. Aus dem Erdgeschoss gelangt man über die überdachte Terrasse hinaus in den japanischen Garten.

Die Küche ist modern und funktional, da hier die Zubereitung von Mahlzeiten nicht nur Arbeit, sondern ein geliebtes Hobby ist. Die offene Küche befindet sich in praktischer Verbindung mit dem Wohnzimmer, sodass sich die Gastgeberin während des Kochens mit ihren Gästen unterhalten kann. Der lange Bauerntisch wurde im Wohnzimmer in die Nähe des Panoramafensters platziert. Draußen kann man vom Balkon aus die herbstliche Aussicht auf das Meer sowie die in der Dämmerung des Gartens leuchtenden Steinlaternen bewundern.

Nächste Seite
Eine kleine Gruppe von geerbten Möbelstücken bildet eine gemütliche Ecke vor dem Kamin.

Eine Einrichtung mit Persönlichkeit entsteht aus mutigen Kombinationen und Entscheidungen, die den Lebensstil der Hausbesitzer wiedergeben.

Geschmäcker der weiten Welt

PFIFFERLING-CAPPUCCINO-SUPPE

LACHSPASTRAMI

ZITRONENMARINIERTER THUNFISCH IN KOKOSMILCH

HERBSTGEMÜSE

MASCARPONE-BAISER-TRAUM

Getränketipp des Hauses

Als Wein wählt die Hausherrin den französischen Weißwein Pouilly-Fumé de Ladoucette aus dem Loire-Gebiet. Zum würzigen asiatischen mit Zitrone, Limette oder Zitronengras gewürzten Essen passt ein aus Sauvignon Blanc-Trauben gekelterter Weißwein.

Pfifferling-Cappuccino-Suppe

4–6 Portionen

ca. 250 g frische Pfifferlinge
200 ml fettarme Milch (Wasser oder Sahne)

SUPPE
400 ml Pilzfond
ca. 400 ml fettarme Milch
Salz

MILCHSCHAUM
200 ml fettarme Milch

Die Pfifferlinge waschen und in Stücke schneiden. In einer flachen Pfanne oder einer Kasserolle ohne Fett erhitzen, bis die Pilze Flüssigkeit ausschwitzen und diese verdampft. Die fettarme Milch in die Pfanne geben. Die Pilze mit einem Pürierstab pürieren. Milch und Fond dazugeben und aufkochen lassen. Bei geringer Hitze eindicken lassen. Nach Geschmack salzen.

Etwa 200 ml fettarme Milch erhitzen. Die warme Milch mit einem Handrührgerät oder mit einem Milchaufschäumer zu festem Schaum aufschäumen. Die Pfifferlingsuppe in vorgewärmte Portionsschüsseln oder in Espressotassen verteilen, auf die Oberfläche einen Löffel Milchschaum geben, und mit Wasserkresse oder Kräutern dekorieren.

Lachspastrami

4–6 Portionen

ca. 250 g Rückenfilet vom Lachs
½–1 El Kreuzkümmel (Jeera)
½ El Rosépfeffer
weißer Pfeffer
1 Tl Salz

DEKORATION
4–6 Wachteleier
eingelegter Ingwer
Mizunasalatblätter

Aus dem Rückenfilet vom Lachs ein etwa 4 x 4 cm dickes und etwa 20 cm langes Stück schneiden. Das längliche Stück auf der Bratpfanne von jeder Seite kurz anbraten, bis sich die Oberfläche schließt und ein wenig Farbe bekommt.

Das Lachsfilet mit zerstoßenem Kreuzkümmel, Rosé- und weißem Pfeffer und Salz würzen. Das Filet fest in eine Frischhaltefolie einwickeln und 1–2 Tage im Kühlschrank ziehen lassen.

Aus dem Lachsfilet pro Person 2–4 Scheiben von einem guten Zentimeter Dicke schneiden. Die Stücke anrichten und mit gekochten Wachteleierhälften, rötlichem eingelegten Ingwer und einigen Mizunasalatblättern dekorieren.

Wachteleier werden nur drei Minuten gekocht. Eingelegter Ingwer ist in gut sortierten Supermärkten oder in asiatischen Lebensmittelgeschäften erhältlich. Mizuna ist ein japanischer Salat. Anstelle von Mizuna können auch Sprossen verwendet werden.

Pastrami bezeichnet eine vor allem in den Vereinigten Staaten beliebte traditionelle Art, Fleisch zu konservieren: Zuerst wird das Fleisch in Salzwasser gepökelt, dann wird es geräuchert und am Schluss mit einer dicken Schicht Pfeffer gewürzt.

Die Gastgeberin hat sich eine eigene Art ausgedacht, ein asiatisches Pastrami aus dem dicken Rückenfilet von Lachs zuzubereiten, das durch den Kreuzkümmel eine interessante Note bekommt. Das zusammen mit eingelegtem Ingwer servierte Lachspastrami eignet sich zum Verzehr mit Essstäbchen.

Die Pfifferling-Cappuccino-Suppe mit ihrem Milchschaum ist eine originelle Überraschung zu Beginn einer Mahlzeit.

Zitronenmarinierter Thunfisch in Kokosmilch

5–6 Scheiben (ca. 600 g) frischer Thunfisch

MARINADE

Saft von 2–2 ½ Zitronen

SAUCE

1–2 Dosen Kokosmilch
Salz
gemischter Pfeffer (weißer, Rosé-, grüner und schwarzer Pfeffer)
eingelegter Ingwer
3 gehäufte Tl Ingwerpaste
(heller Saucenbinder)

Die Zitronen auspressen, Kerne entfernen. Die Thunfischscheiben in Zitronensaft wenden. Das Gefäß mit einer Frischhaltefolie abdecken und im Kühlschrank etwa 6 Stunden (oder über Nacht) durchziehen lassen.

Die mit Ingwer gewürzten Lachspastramischeiben schmecken nach der sahnigen Pfifferlingsuppe und lenken die Gedanken und das Tischgespräch zu fernen Ländern und den Esskulturen verschiedener Regionen.

Thunfisch sollte innen rötlich bleiben. Die heiße, würzige Kokosmilchsauce vervollständigt den Geschmack des in Zitrone marinierten Fischfilets. Als Beilage gibt es mit Trüffelöl abgeschmecktes Gemüse der Saison, dieses Mal Babymais, Karotten und Rosenkohl. Der grüne, nussig schmeckende kleinblättrige Salat ist Feldsalat.

Die Fischstücke rechtzeitig in Zimmertemperatur stellen, dann kurz auf beiden Seiten braten. Die Kokosmilch in einen Topf gießen und mit Salz, dem Pfeffergemisch, eingelegtem Ingwer und Ingwerpaste würzen. Der Ingwer darf in der Sauce säuerlich durchschmecken. Die Kokosmilch ohne Deckel einkochen lassen, bis sie die Konsistenz einer Sauce annimmt. Die Sauce kann nach Belieben mit fertigem Saucenbinder verdickt werden. Den Geschmack überprüfen.

Herbstgemüse

Den Babymais, die zerstückelten Karotten und den halbierten Rosenkohl jeweils für sich in gesalzenem Wasser gar kochen. Mit kaltem Wasser abschrecken.

Kurz vor dem Servieren das Gemüse zusammen in einem Topf erhitzen. Mit einem Tropfen Öl oder mit Trüffelöl, das einen verfeinerten Geschmack gibt, würzen. Das Herbstgemüse heiß zum Thunfisch servieren.

Mascarpone-Baiser-Traum

2 Baisertörtchen

BAISERBÖDEN

4 Eiweiß
65 g Puderzucker
100 g feiner Zucker

FÜLLUNG

Mascarponesahne
Rhabarber-Erdbeer-Konfitüre oder Johannisbeerkonfitüre

DEKORATION

Himbeeren, Erdbeeren, Johannisbeeren oder andere Beeren der Saison
Blätter von frischer Minze oder Zitronenmelisse

Das Eiweiß zu steifem Schaum schlagen. Den Puderzucker und feinen Zucker nach und nach zugeben, bis der Schaum steif und glänzend ist. Den Schaum auf zwei Stücken Backpapier zu zwei runden Platten von etwa 20 cm Durchmesser verstreichen. Den übrigen Eiweißschaum auf die Ränder der Platten zu kleinen Blumen spritzen.

Die Baiserböden im Ofen zunächst bei 120–150 °C etwa 30 Minuten backen, und anschließend bei 75–100 °C 4–5 Stunden backen. Das beste Ergebnis erhält man in einem Umluftofen, aber in diesem Fall sollten niedrigere Temperaturen eingestellt werden.

Auf die abgekühlten, angetrockneten Böden Mascarponesahne und Rhabarber-Erdbeer-Konfitüre oder frische Beeren verteilen, und darauf vorsichtig den zweite Baiserboden drücken. Den Rest der Sahne darauf verteilen und mit Beeren und frischer Zitronenmelisse dekorieren.

Mascarponesahne

200 g Mascarpone oder anderer ähnlicher Frischkäse
200 g Schlagsahne
Zucker
(ein paar Tropfen Amaretto)

Die Sahne schaumig schlagen und unter den Frischkäse rühren. Das Gemisch mit Zucker und nach Geschmack mit ein paar Tropfen Likör abschmecken. Diese Creme passt mit Vanille gewürzt auch hervorragend zu Beeren und Beerenblechkuchen.

Der auf der Zunge zergehende mit Mascarponesahne gefüllte Baisertraum ist mit frischen weißen Johannisbeeren dekoriert.

Die Kletterhortensie wird mit einer Lichterkette dekoriert, sobald die Abende dunkler werden. Auch die kleinen Teelichte im Fenster werden angezündet, um die Ankunft des Herbstes zu feiern. Die in den Korb eingesammelten bunten Blätter leuchten in herbstlichen Tönen und dienen sowohl drinnen als auch draußen als Dekoration.

Nächste Seite
Das frühere Eislager wurde für die herbstlichen Erntedankfeste restauriert. Der aus dicken Steinen gemauerte Bau stand leer, bis die Besitzer auf die Idee kamen, dass sie ihn als Festsaal nutzen könnten. Das alte Gebäude wurde gründlich gereinigt, und dort wurde ein schmiedeiserner Kamin eingebaut.

Der lange Tisch und die mit Schaffellen ausgelegten Bänke machen den Raum zu einem stimmungsvollen Ort. Die Gastgeberin serviert ihren Gästen scharfe Tomatensuppe, selbstgebackenes frisches Brot mit Kräuterbutter sowie Apfelkuchen. Die gemeinsamen Erntetreffen und Erntedankfeste sind zur allherbstlichen Tradition geworden. Die kühler werdenden Abende werden bei Kerzenlicht verbracht, während der Kamin angenehm wärmt.

Erntedankfest

Die im frühen Frühling gepflanzten Setzlinge und Samen haben Früchte getragen, und endlich kann man die Gaben des hingebungsvoll gepflegten Gemüsebeetes genießen. Man kann zum Beispiel ein Erntedankfest unter Freunden veranstalten.

Nach einem großartigen und lieblichen Sommer bricht wieder einmal der Herbst an, der mit seiner Farbenpracht und den von der Natur gebotenen Leckereien den Sommer noch übertrifft. Bevor der Winter anbricht, gibt es im Herbst noch viel zu tun im Garten. Blätter müssen geharkt werden, die Topfpflanzen müssen auf die Winterruhe vorbereitet werden, und natürlich wird die Ernte eingebracht. Beeren werden eingekocht oder tiefgefroren, Äpfel werden gepflückt und zum Entsaften gebracht, und auch auf Pilzsuche müsste man gehen. Arbeit gibt es genug, sodass es zwischen den ganzen Terminen einen guten Grund gibt, zusammen mit Freunden eine gemeinsame Ernte zu organisieren. Die Idee eines Erntedankfestes kann man auch in der Stadt verwirklichen, denn Grenzen setzt nur die Phantasie. Primär sind jedoch Zweck und Ziel der Feier die Freude an der gemeinsamen Arbeit sowie als Höhepunkt des Abends eine aus herbstlichen Zutaten zubereitete Mahlzeit.

Wenn sich die Gruppe den lieben langen Tag mit dem Rechen abgemüht hat oder auf einer hohen Leiter Äpfel gepflückt hat, schmeckt bestimmt allen die wärmende scharfe Tomatensuppe sowie der frischgebackene duftende Apfelkuchen. Das Ganze wird natürlich von frischgebackenem Brot gekrönt.

Die Feier kann genauso gut in der Garage oder in der Stadtwohnung wie im alten Eislager organisiert werden. Die festliche Tafel wird mit bunten Blättern dekoriert, die man auch auf den Fußboden streuen kann. Die vollen Apfelkörbe tragen mit ihrem Duft ebenfalls zur herbstlichen Stimmung bei.

Eine warme Suppe für die Erntehelfer

SCHARFE TOMATENSUPPE
KÖRNERBRÖTCHEN
HERBSTLICHER APFELKUCHEN

Scharfe Tomatensuppe

8–10 Portionen

4 El Öl
2 große Zwiebeln
6 Knoblauchzehen
1 Porreestange
4 Dosen Schältomaten (à 400 g)
2 Dosen Tomatenpüree (à 70 g)
6 dl Wasser
2 Würfel Hühnerbrühe oder 1–2 El konzentrierter Gemüse- oder Hühnerfond
1 El Zucker
Salz
einige Tropfen Tabasco
Chili
8–10 Kartoffeln
Thymian
schwarzer Pfeffer
Saft einer Zitrone oder Limette
frisches Basilikum

Die Zwiebeln und die Knoblauchzehen fein hacken. Das Öl in einem großen Topf oder einer Pfanne von 5–6 Litern erhitzen und die gehackten Zwiebeln darin glasig dünsten. Die Hitze verringern und die Zwiebeln unter Rühren weich garen. Die Zwiebeln nicht anbren-

Die scharfe Tomatensuppe weckt den Appetit bereits mit ihrem Duft und ihrer feuerroten Farbe.

Die Körnerbrötchen schmecken frisch gebacken als solche, oder man kann sie mit der kräutergewürzten Pestocreme bestreichen.

nen lassen, denn sonst bekommt die Suppe leicht einen bitteren Geschmack.

Die Porreestange halbieren und abspülen, in dünne Streifen schneiden und zu den Zwiebeln geben. Die Schältomaten, das Tomatenpüree, das Wasser und die Brühwürfel oder den Fond dazugeben. Den Geschmack mit Zucker abrunden und vorsichtig salzen, denn die Hühnerbrühe und der Fond sind bereits salzig. Mit Tabasco und Chili würzen, die Suppe jedoch nicht zu scharf abschmecken.

Die Kartoffeln schälen, in Streifen oder Würfel schneiden und zum Garen in die Suppe geben. Die Kartoffeln nehmen einen Teil der Würze auf. Die Suppe mit Thymian, schwarzem Pfeffer, und nachdem die Kartoffeln gar sind, mit Zitronen- oder Limettensaft würzen. Frisches Basilikum in die Suppe zupfen. Den Geschmack überprüfen und bei Bedarf noch Salz, Zucker und andere Gewürze dazugeben. Die Suppe heiß servieren. Auf dem Tisch eine Flasche Tabasco, ein Gefäß mit Salz und die letzten frischen Gewürzkräuter des Herbstes bereit stellen.

Pestocreme

1 Packung Creme Fraiche oder leichter Frischkäse
Pesto
frische Kräuter

Die Creme Fraiche oder den Frischkäse mit Pesto und feingeschnittenen Kräutern würzen. Die Pestocreme schmeckt als Brotaufstrich oder in der Suppe.

Körnerbrötchen

30 Stück

SAUERTEIG

700 ml Milch oder Wasser
1–2 El Zuckerrübensirup
50 g frische Hefe oder 2 Päckchen Trockenhefe (à 11 g)
300 g Weizenmehl Typ 550
(½ dl Leinsamen)

TEIG

2 Tl Salz
100 ml Sonnenblumenkerne
50 ml Sesamsaat
(2–3 geriebene Karotten)
550–600 g Weizenmehl Typ 550
50 ml Sonnenblumen- oder Rapsöl

ZUM BESTREICHEN

1 Ei
1 El Milch oder Wasser
Sesamsaat

Die Flüssigkeit bei Verwendung von frischer Hefe auf 37 °C bzw. handwarm, bei Verwendung von Trockenhefe auf 42 °C erhitzen. Den Sirup einrühren und die frische Hefe in Bröckchen dazugeben. Bei Verwendung von Trockenhefe die Hefe zuerst unter das Brötchenmehl mischen und zusammen mit dem Mehl in die Flüssigkeit einrühren. In den Sauerteig können Leinsamen zum Aufweichen zugegeben werden. Den Teig etwa 15 Minuten bei Zimmertemperatur stehen lassen, bis er sich aufbläht.

Das Salz sowie Sonnenblumenkerne und Sesam und nach Geschmack 2–3 geriebene Karotten dazugeben. Das Mehl in kleinen Mengen untermischen und gleichzeitig mit einer Holzgabel rühren, bis der Teig ausreichend fest ist. Das Öl zugeben. Der Teig darf weich bleiben, denn so werden die Brötchen locker. Den Teig unter einem Tuch eine halbe Stunde aufgehen lassen.

Auf einer bemehlten Fläche den Teig in drei Teile und jedes dieser Teile in jeweils 10 Teile teilen. Aus den Stücken mit leicht eingemehlten Händen längliche Brötchen auf drei mit Backpapier ausgelegte Bleche formen.

Das Ei leicht verschlagen, ein wenig Wasser oder Milch dazugeben und damit die Brötchen bestreichen. Auf die Oberfläche Sesam streuen. Die Brötchen bei etwa 210 °C etwa 13 Minuten backen.

Die Brötchen mit einem Tuch bedeckt auf einem Rost abkühlen lassen.

Herbstlicher Apfelkuchen

BODEN

200 g Butter oder Margarine
250 g Weizenmehl
50–75 ml Wasser, Milch oder Sahne

BELAG

6–8 säuerliche Äpfel
50–100 g Zucker
2 Eier
1 Tl Vanillezucker
ca. 100 ml Milch oder Sahne

Das kalte Fett zerstückelt in eine Schüssel geben, das Mehl dazugeben und das Gemisch zu einem Mürbeteig zupfen. Die kalte Flüssigkeit in kleinen Mengen dazugeben und die Zutaten kurz zu einem Teig vermischen.

Eine Form von 26–28 cm Durchmesser einfetten oder mit Backpapier auslegen und den Teig als dünnen Kuchenboden auf den Boden und die Ränder drücken.

Die Äpfel waschen und abtrocknen. Die Äpfel vierteln und dann in dünne Scheiben schneiden. Die Scheiben dicht aneinander in einem Muster auf dem Teigboden auslegen. Darüber rund die Hälfte des Zuckers verstreuen.

Die Eier, die Flüssigkeit und den Vanillezucker verschlagen und das Gemisch auf die Apfelscheiben gießen. Darüber den restlichen Zucker streuen.

Im Ofen bei 210 °C abhängig vom Material der Backform etwa eine halbe Stunde backen. Heiß oder lauwarm zusammen mit Vanillesauce, Eiskrem oder mit Vanillezucker und Zimt gesüßter Schlagsahne servieren.

Heißer Ingwer-Johannisbeersaft

Schwarzen Johannisbeersaft erhitzen und dünne Scheiben frischen geschälten Ingwer dazugeben. Der stark duftende Ingwer tut dem Magen gut, wärmt und verbreitet Wohlbefinden im ganzen Körper. Andere wärmende Gewürze, die zum Getränk passen, sind Nelke, Zimt und schwarzer Pfeffer.

Anstatt Johannisbeersaft eignet sich auch Apfelsaft.

Der aus einheimischen Äpfeln gebackene herbstliche Apfelkuchen schmeckt heiß am besten.

Winterlandschaft

Der Wintertag ist genau richtig, um zu einem gemächlichen Spaziergang aufzubrechen. Der weiße Schnee breitet sich aus, so weit das Auge reicht, und die Sonne scheint. Nach der Rückkehr ist es Zeit, Grütze zu kochen und die Wärme des Hauses zu genießen, während sich die Dämmerung senkt.

Das Winterlicht schafft auf dem Landgut eine schneeglitzernde Atmosphäre. Die Stimmung verändert sich, wenn das Feuer in den Kaminen entzündet wird und zahlreiche Kerzen in den Räumen Wärme verbreiten. Die Natur umgibt das Gebäude, sodass sich auch drinnen die Stimmung mit den Jahreszeiten verändert.

Das große Haus auf dem Land verlangt seinen Bewohnern viel ab, aber es ist für das Paar zu einem Refugium geworden. Sie haben das Gut im Jahr 1989 gekauft und den Ort seitdem als zweites Zuhause unterhalten.

Nach Schätzung des Denkmalamtes wurde das Haus um das Jahr 1720 herum fertiggestellt. Das rot gestrichene Gutshaus ist auf einem hohen Felsen erbaut, von dem aus das Meer auf allen Seiten zu sehen ist.

Der Grundriss des gesamten Hauses ist quadratisch, und die Zimmer sind rund um die Eingangshalle in der Mitte angeordnet. In keinem der Zimmer gibt es rechte Winkel, was unter den Fachleuten Begeisterung und Erstaunen hervorgerufen hat. Die bautechnisch kunstvolle Rhomben bildenden Winkel in den Zimmern bringen den Zauber alter Zeiten in die Einrichtung.

Als das Paar in die großartige Schärenlandschaft zog, war das alte Gebäude bereits teilweise möbliert. Die in das Gutshausmilieu passenden gustavianischen Möbel und Textilien in kühlen Tönen harmonieren wunderbar mit den späteren Anschaffungen, wie den neugustavianischen Stühlen und dem Esstisch im Esszimmer.

Der eindrucksvolle Kronleuchter im Esszimmer hat einen Ehrenplatz bekommen. Dies ist kein Wunder, denn er war der erste Gegenstand, den der Hausherr für sein eigenes Heim gekauft hat.

Im Haus lebt man mit den Jahreszeiten, und diese haben alle ihre eigenen Hausarbeiten. Besonders der Winter ist eine genussreiche Zeit, da man sich dann mehr im Haus aufhält und auch

An Wintertagen macht es Spaß, draußen die von der Natur geschaffenen Kunstwerke zu bewundern. Das Glück besteht aus roten Wangen und der Vorfreude auf die Wärme des Kaminfeuers.

Der traditionelle Besen aus Birkenzweigen ist ein dekorativer Gebrauchsgegenstand, mit dem die Veranden und Treppen frei von Schnee gehalten werden.

Der weiße Schnee bedeckt das in typischer Schärenlandschaft stehende Haus und seine Umgebung

Im Salon befinden sich kleine Sitzgruppen, wie dieser Esstisch mit seinen gustavianischen Stühlen und Sesseln. Im Wohnzimmer gibt es keine moderne Beleuchtung, sodass man dort nur bei Tageslicht lesen kann.

die Tage kürzer sind. Im Winter bleibt auch mehr Zeit für die gemeinsame Freizeitgestaltung, wie Kochen, Restaurieren von alten Gegenständen und Möbeln, Forstpflege und Spaziergänge.

Auch wenn es im Schärenklima keine Schneegarantie gibt, kann man manchmal auf dem Eis des Meeres Schlittschuh laufen. Die Schlittschuhe werden oft auf dem eigenen Bootssteg angezogen, um dann auf das Eis hinauszugleiten, wo man schöne Wintertage verbringt und die Landschaft bewundert.

Das große Haus wird hauptsächlich mit Elektrizität geheizt. Die Grundtemperatur wird den ganzen Winter über konstant gehalten und mit einer Zeitschaltuhr geregelt. Bei kaltem Wetter knistert in den Kachelöfen ein gemütliches Feuer. In der Küche gibt es dazu noch einen alten Backofen, der täglich benutzt wird. Die im Herbst gesammelten Pilze und Beeren werden eingekocht und tiefgefroren, und im tiefen Winter schmecken sie fast genauso gut wie frisch gesammelt.

Das Untergeschoss wird den ganzen Winter über beheizt. Im Obergeschoss befinden sich die Sommerräume und auf dem Speicher ein großer Saal, der von einem langen Esstisch mit seinen Stühlen dominiert wird. An diesen langen Tisch zieht man sich bei Sommerregen und im Herbst zusammen mit Familie und Freunden zurück, um die von den Gastgebern gezauberten Leckereien zu genießen. Im Winter wird im gemütlichen Esszimmer im Untergeschoss gegessen, das die Hausherrin immer je nach Anlass dekoriert.

Im alten und ehrwürdigen Salon und seinen Deckenbalken hat sich der ursprüngliche Zauber bewahrt. Die kühlen hellen Farbtöne passen gut zum winterlichen Licht.

Nächste Seite
Die nostalgische Stimmung in der Küche des Gutshauses mit ihren kupfernen Kaffeekesseln ist erhalten geblieben. In den Tiefen der kleinen Schubladen des Krämertresens finden sich bestimmt Überraschungen sowohl für die Zubereitung von alltäglichen Mahlzeiten wie auch von Festessen.

Im Gedeck des Tisches im Esszimmer sind noch Erinnerungen an den Herbst zu sehen. Der Kronleuchter ist mit getrockneten Hopfenzweigen geschmückt, und das köstliche Pilzragout wird zusammen mit selbst gebackenem Brot genossen.

Leckere Düfte aus der Küche

PILZRAGOUT
SALAT MIT GEWÜRZKRÄUTERÖL UND FRISCHES BROT
GRAUPENGRÜTZE AUS DEM OFEN
BEERENKELCH

Gewürztrunk

4–6 Portionen

1 l Apfelsaft oder grüner Tee
200 ml Wasser
2–4 Zimtstangen
1–4 Sternanis
ein Stück frischer Ingwer oder Ingwersirup
brauner Zucker
Rosinen

Das Wasser zusammen mit den Zimtstangen und dem Sternanis aufkochen. Ein Stück frischen Ingwer schälen, in dünne Scheiben schneiden und in das Wasser geben. Ohne Deckel 5–10 Minuten kochen, so verbreiten die Gewürze einen heimelig verführerischen Duft.

Den Apfelsaft erhitzen oder den Tee nach Packungsanleitung zubereiten. Den Gewürzsud durch ein Sieb dazugießen. Nach Geschmack mit Zucker süßen oder Zucker und Rosinen separat in kleinen Gefäßen anrichten, aus denen sich jeder nach Geschmack bedienen und sein Getränk würzen kann. Das heiße Getränk in Gläser verteilen. Als Dekoration kann man eine im Gewürzsud mitgekochte Zimtstange oder Sternanis zufügen.

Anstelle von oder zusätzlich zu frischem Ingwer kann man das Getränk mit fertigem Ingwersirup würzen.

Im Sommer frische gewaschene Blätter von schwarzen Johannisbeeren und Minzeblätter zu dem ziehenden Tee oder dem heißen Apfelsaft geben. Nach Geschmack Zucker oder Honig zufügen. Dieses erfrischende Getränk kann heiß oder kalt genossen werden.

Der aus der Küche strömende Duft nach Gewürzen verspricht Gutes. Als wärmendes Gewürz zum heißen Apfelsaft oder grünen Tee passen Zimt, Sternanis und Ingwer. Das würzige Getränk wärmt das Gemüt und löst die Zunge.

Pilzragout

4 Portionen

1–2 Zwiebeln oder 4 Schalotten
1 El Öl
400–500 g frische Waldpilze (Pfifferlinge, Steinpilze) oder
400–500 g Zuchtpilze (Shiitakepilze, Champignons) oder
50–100 g getrocknete Pilze
1–2 El Weizenmehl
200–400 g Saure Sahne
Salz, schwarzer Pfeffer

Die Zwiebeln schälen und in kleine Würfel schneiden. In Öl andünsten. Die Pilze klein schneiden und zu den Zwiebeln geben. Bei Verwendung von tiefgefrorenen Pilzen diese unaufgetaut in die Pfanne geben. Bei Verwendung von getrockneten Pfifferlingen oder Steinpilzen diese zuerst ½–1 Stunde in 200–400 ml Wasser einweichen. Die Pilze abtropfen lassen und zusammen mit den Zwiebeln anbraten. Die Einweichflüssigkeit später zum Ragout geben.

Die Pilze einige Minuten unter Rühren braten und mit Weizenmehl bestreuen. Nach und nach die Sahne dazugeben, und das Ragout bei geringer Hitze 10–20 Minuten garen lassen, bis es eindickt. Bei Bedarf noch Sahne zugeben und gleichzeitig rühren. Einen Teil der Sahne kann man durch Gemüse- oder Fleischbrühe ersetzen.

Das Ragout mit Salz und schwarzem Pfeffer würzen. Der Geschmack kann noch mit Tomatenpüree, Paprika, Chili und saurer Sahne oder einem Tropfen Sherry oder Madeira abgerundet werden.

Das heiße Pilzragout zusammen mit Salat und gutem Brot servieren.

Salat

1–2 Köpfe grünen Salat (Eisberg-, Romana- oder Eichblattsalat)
1 Schale kleinblättrigen Salat (Rucola, Mizuna, Feldsalat oder Zuckererbsenschoten)
marinierte Bohnen (Rezept S. 18, Ostern)
150–200 g Kirschtomaten oder einige in Öl eingelegte sonnengetrocknete Tomaten
1 rote Zwiebel

Die Salatblätter auf einer flachen Schüssel anrichten. Die Bohnen marinieren und auf die Schüssel legen. Von den Kirschtomaten den Strunk entfernen die Tomaten und halbieren. Auf die Tomaten ein wenig Salz und schwarzen Pfeffer aus der Mühle streuen. Auf der Schüssel können auch in Streifen geschnittene sonnengetrocknete Tomaten, gekochte Karottenstreifen, eingelegte Rote Bete und Perlzwiebeln angerichtet werden. Die rote Zwiebel schälen, in möglichst dünne Streifen oder kleine Würfel schneiden und über die Bohnen streuen. Das Gewürzkräuteröl zubereiten und zum Servieren in ein kleines Kännchen oder in Eierbecher gießen.

Gewürzkräuteröl

1 Topf frisches Basilikum
eine Prise Salz
6 El gutes Raps- oder Olivenöl
½–1 El Zitronen- oder Limettensaft, Weißweinessig oder weißen Balsamicoessig
schwarzer Pfeffer

Das Basilikum abzupfen und in eine Küchenmaschine oder in ein Gefäß geben, in dem es mit einem Pürierstab zerkleinert werden kann. Das Öl und eine Prise Salz dazugeben. Das Salz fördert die Abgabe von Chlorophyll aus dem Basilikum in das Öl. Das Mixgerät oder den Pürierstab einschalten. Das Gemisch so lange pürieren, bis das Öl eine kräftige grüne Farbe annimmt. Um dem Kräuteröl einen frischeren Geschmack zu geben, Zitronen- oder Limettensaft, Weißweinessig oder weißen Balsamico zufügen.

Das Öl kann auch mit Senf gewürzt werden.

Die Kräuter je nach servierter Speise und dem Angebot an Kräutern auswählen. Wird das Kräutergewürzöl zu Lamm serviert, kann es zusätzlich mit Minze und Knoblauch gewürzt werden. Aus Dill entsteht ein zu Fischgerichten passendes Dillöl. Ein mit Petersilie gewürztes Öl dagegen harmoniert mit Gemüse und Pilzen.

Der bunte Salatteller ist eine aufmunternde Überraschung an einem grauweißen frostigen Wintertag. Eine Portion grünes Gewürzkräuteröl erfrischt den Salat und den geräucherten Schinken.

Die Hefe zerbröckelt in eine Schüssel geben. Das handwarme Wasser, das Zuckerrübenkraut und das Brötchenmehl unter kräftigem Rühren dazugeben. Die Schüssel mit einem Tuch bedecken und den breiartigen Sauerteig bei Zimmertemperatur 20 Minuten stehen lassen, bis er Blasen wirft.

Das Öl der sonnengetrockneten Tomaten aufheben, und etwa 10 Tomaten klein schneiden. Das Salz, die Tomaten, den Thymian oder Oregano und unter kräftigem Rühren das Brötchenmehl zum Sauerteig geben. Einen Teil des Mehls für die Bearbeitung verwenden. Zum Schluss das Öl der sonnengetrockneten Tomaten zum Teig geben. Die Teigschüssel mit einem Tuch bedecken, und den Teig etwa 20 Minuten aufgehen lassen.

Den Teig in zwei Hälften teilen. Die Luft aus dem Teig drücken, und den Teig mit eingeölten Händen platt drücken, zu einer Rolle wickeln und das längliche Brot mit der Nahtstelle nach unten auf Backpapier legen. Das zweite Brot

Die Gerstengrütze aus dem Ofen lockt saftig und dampfend in ihrer Terrine.

Der heimelige Backofen dominiert die Küche. Im Winter wird der Ofen täglich genutzt und verbreitet wohlige Wärme in der großen Küche.

Tomaten-Kräuterbrot

2 Brote

SAUERTEIG

50 g Hefe
600 ml lauwarmes Wasser
2 El Zuckerrübensirup
450 g Weizenmehl Typ 550

TEIG

1½–2 Tl Salz
100 g in Öl eingelegte sonnengetrocknete Tomaten
½–1 El Oregano oder Thymian
ca. 400 g Brötchenmehl (Typ 550)
50–100 ml Öl von den Tomaten

daneben legen. Die Brote mit einem Tuch bedecken und etwa 20 Minuten aufgehen lassen.

Mitten auf das Brot mit einer Schere einige schuppenartige Zacken auf der ganzen Länge schneiden.

Das Brot zuerst bei 220 °C etwa 15 Minuten backen. Dann die Temperatur auf 200 °C verringern und weitere 15–20 Minuten backen, bis die Brote gar sind. Das Brot ist gar, wenn es beim Klopfen auf den Boden dumpf klingt.

Die Brote auf einem Rost abkühlen lassen.

Graupengrütze aus dem Ofen

12–15 Portionen

350 g ganze Graupen
600 ml Wasser
2–2½ l Vollmilch
2 Tl Salz
2 El Butter oder Rapsöl
(1 geschälte Mandel)

Die Graupen mit kaltem Wasser abspülen, abtropfen lassen, und frisches Wasser dazugeben. Die Graupen wenigstens eine Stunde quellen lassen, besser noch mehrere Stunden.

Wenn eine weiche Grütze gewünscht wird, die Graupen vor dem Garen im Ofen bei geringer Hitze eine knappe Stunde im Einweichwasser kochen. Nach und nach Milch dazugeben und die Grütze dabei umrühren. So quellen die Graupen saftig auf. Zum Garen eignet sich auch ein Wasserbad.

Die restliche Milch zugeben, und die Grütze salzen. Eine Ofenform mit Butter oder Öl einfetten. Die Grütze in die Form gießen. Nach Wunsch kann man eine geschälte Mandel als Glücksbringer in der Grütze verstecken.

Die Grütze im Ofen bei 150 °C einige Stunden garen oder bis die Oberfläche goldbraun und die Grütze gar ist.

Leichter geht es, wenn man die Grütze nur im Ofen gart. Dieses Rezept eignet sich vor allem dann, wenn man eine kleinere Menge Grütze zubereitet. (180 g Graupen, 200 ml Wasser, 1 l Milch und ½ Tl Salz). Die abgespülten Graupen beispielsweise in einer eingefetteten feuerfesten Ofenform einweichen, Milch und Salz dazugeben, und die Grütze im Ofen bei 150 °C etwa drei Stunden oder bei 110 °C etwa fünf Stunden garen lassen, je nachdem, welche Form die Ofenform hat und aus welchem Material sie besteht. Diese Zubereitungsart ist mühelos, aber die Grütze wird nicht ganz so saftig.

Zur Grütze Zucker, Zimt und kalte Milch servieren. Mit dem Geschmack der Grütze harmonieren auch Beerenkaltschalen und -grützen, tiefgekühlte Beeren und Beerenmus.

Aus tiefgefrorenen Beeren kann man ohne viel Aufwand einen roten Beerenkelch als Augenfreude und Vitaminbombe in der dunklen Winterzeit zubereiten.

Beerenkelch

4 Portionen

250 g Beeren (Himbeeren, Erdbeeren, Blaubeeren)
300 ml roten Saft
50 g Gelierzucker

Die Beeren in Gläsern oder Portionsschälchen verteilen. Als Farbkleckse kann man einige schwarze oder rote Johannisbeeren dazugeben.

Den Saft erhitzen und den Gelierzucker darunter mischen. Rühren, bis der Zucker sich auflöst und der Saft klar wird.

Den heißen Zuckersaft als dünnen Strahl über die gefrorenen Beeren gießen. Die Geleeflüssigkeit wird auch bei Zimmertemperatur schnell fest. Die Gläser oder Portionsschälchen zum Gelieren für einen Moment in den Kühlschrank stellen. Am besten schmeckt der Beerenkelch am Zubereitungstag.

Schlittenfahrt wie in alten Zeiten

Der Traum von einer Schlittenfahrt wie in alten Zeiten klingt vielleicht romantisch, aber im Zuge der Verbreitung des Reitsportes ist auch diese in Reichweite des Stadtlebens gerückt. In Reitschulen und kleinen privaten Pferdegestüten kann man sich nach den Möglichkeiten einer Schlittenfahrt erkundigen.

Eine Stunde auf dem Pferdeschlitten inmitten der Natur lässt die Röte in den Wangen der Ausflügler aufsteigen. Das Knirschen des gefrorenen Schnees unter den Hufen der Stute Lelle, das heiße Schokoladengetränk in der Thermoskanne sowie die warme Kleidung und die kuscheligen Pelzdecken im Schlitten machen den Tag perfekt.

Wenn die Sonne beginnt, den Wintertag zu wärmen, bricht man entweder auf, um mit Ausflugsproviant die Natur zu genießen, oder man begibt sich zur eigenen Hütte, wie es die Familie von Anna-Stiina und Henriikka oft tun. Zur Hütte sind es von zuhause aus einige Kilometer, sodass die Strecke auch zu Fuß zurückgelegt werden kann. Die Vorbereitungen wurden bereits zuhause gemacht, und im Proviantkorb befinden sich ein fertiger Crêpeteig, hausgemachte Marmelade sowie auch ein wenig nahrhaftere Wegzehrung, die zu den in einer Pfanne gebackenen Crêpes gegessen wird.

Die Pferdemädchen sind es von klein auf gewohnt, mit Pferden umzugehen. So dürfen sie auch zu zweit mit der Stute losziehen.

Anna-Stiina, die Stute Lelle und Henriikka genießen das sonnige Winterwetter.

Die Ausflugscrêpes schmecken direkt aus der Pfanne

AUSFLUGSCRÊPES
THUNFISCH-FRISCHKÄSE-PASTE
ERDBEERQUARK
SCHOKOLADENGETRÄNK FÜR GENIESSER

Die eigene Hütte befindet sich in einem Wald in der Nähe vom Zuhause. Die auf einem steilen Felsen erbaute Hütte ist viel in Gebrauch, sowohl auf den winterlichen Ausflügen wie auch in anderen Jahreszeiten. Nach einem strammen Fußmarsch wird der fertige Crêpeteig auf der Feuerstelle inmitten der Hütte gebacken. Den Genuss krönen die im Sommer gepflückten frischen Erdbeeren, die für die winterlichen Ausflüge eingefroren wurden.

Getränketipp

Heiße Getränke wie Kaffee, Saft, Tee oder Kakao

Crêpeteig

4 Portionen

TEIG
2–3 Eier
400 ml Milch
50 g halbgrobes Dinkelmehl, Gersten- oder Roggenmehl
100 g Weizenmehl
½ Tl Salz
50 ml Rapsöl
ca. 100 ml kohlensäurehaltiges Mineralwasser

Die Eier leicht verschlagen. Die Hälfte der Milch dazugeben, und das Dinkel-, Gersten- oder Roggenmehl sowie das Weizenmehl darunter mischen. Die restliche Milch sowie das Salz und das Rapsöl untermischen.

Den Teig mindestens eine Stunde stehen lassen.

Soviel kohlensäurehaltiges Mineralwasser in den Teig geben, dass er eine passende Konsistenz bekommt. Die dünnen Crêpes in einer heiße Pfannkuchen- oder Crêpepfanne von beiden Seiten backen. Heiß servieren.

• Wenn der Teig Öl enthält, braucht man für das Backen in einer Teflonpfanne kein weiteres Fett. Bei Verwendung einer gusseisernen Pfanne kann man ein wenig Butter oder Margarine in die Pfanne geben. So bekommen die Crêpes eine appetitliche Farbe und eine knusprige Oberfläche.

• Für laktosefreie Crêpes Mineralwasser als Flüssigkeit verwenden oder die Milch durch Orangensaft ersetzen.

• Für glutenfreie Crêpes Buchweizenmehl oder glutenfreies Mehl verwenden.

HERZHAFTE FÜLLUNG

Thunfisch-Frischkäse-Paste

250 g Mascarpone oder Frischkäse
1–2 Dosen (à 180 g) Thunfisch in Wasser
50 g Kapern
½–1 rote Zwiebel
Saft einer halben bis einer Zitrone oder Limette
Salz, schwarzer Pfeffer

Die Thunfischdose öffnen und die Flüssigkeit ausgießen. Die rote Zwiebel möglichst klein schneiden. Den Frischkäse, den Thunfisch, die Kapern und die roten Zwiebeln zu einer Paste vermischen. Mit Zitronen- oder Limettensaft, schwarzem Pfeffer und Salz abschmecken. Die Paste kann bereits am Vorabend zubereitet und im Kühlschrank aufbewahrt werden. Sie schmeckt köstlich als Füllung von Crêpes, als Brotaufstrich oder zu heißen Ofenkartoffeln.

• Der Geschmack kann noch mit Knoblauch, Oliven oder fein geschnittenem Schnittlauch oder Dill verstärkt werden. Zum Würzen eignet sich auch Oregano.

SÜSSE FÜLLUNG

Erdbeerquark

200 g Schlagsahne
250 g Quark
Erdbeermarmelade
Saft einer halben Zitrone oder Limette

Die Sahne steif schlagen. Den Quark dazugeben. Das Gemisch mit Erdbeermarmelade würzen. Für einen säuerlichen Geschmack Zitronen- oder Limettensaft zufügen.

Schokoladengetränk für Genießer

4 Portionen

800 ml Milch
200 g dunkle Schokolade
Zucker
1 Vanilleschote oder Vanillezucker
(Schlagsahne)

Die Milch zusammen mit der halbierten Vanilleschote erhitzen. Die Schokolade zerstückelt dazugeben und rühren, bis die Schokolade schmilzt. Die Vanilleschote herausnehmen. Das Getränk nach Geschmack mit Zucker oder Vanillezucker süßen und heiß servieren.

Für Schlemmermomente kann man einen Klacks Schlagsahne auf das Schokoladengetränk geben, oder die Erwachsenen können das Getränk mit einem Schluck Cognac, Brandy oder Rum verstärken.

In der Hütte werden die Crêpes in einer gusseisernen Pfanne knusprig und goldbraun gebacken.

Weihnachten auf dem Land

In der früheren Pfarrei bereitet man sich schon lange, bevor die Feiertage im Weihnachtsabend ihren Höhepunkt finden, auf die Weihnachtsfeierlichkeiten vor.

Der Labrador Retriever der Familie genießt das Winterwetter und erwartet ungeduldig sein eigenes Päckchen, das er schon unter dem Weihnachtsbaum gerochen hat.

Eine weiße Schneedecke hüllt das Grundstück des Pfarrhauses, das sich auf die Weihnachtsfeierlichkeiten vorbereitet, ein.

Das über 200 Jahre alte Haus wird das ganze Jahr über bewohnt, und seine momentanen Bewohner befolgen sowohl ihre eigenen wie auch alte zur Atmosphäre des Hauses passende Traditionen.

Die Vorweihnachtszeit ist für die Bewohner des Pfarrhauses genauso wichtig, wie die lang erwarteten Weihnachtstage. Die Weihnachtsvorbereitungen mit ihren Dekorationen und selbstgemachten Geschenken werden rechtzeitig begonnen, sodass man unnötige Eile und Stress vermeidet. Lediglich der traditionelle Schinken und die anderen Weihnachtsspeisen werden kurz vor Weihnachten zubereitet.

Rote Minirosen sind zu beliebten Weihnachtsblumen geworden. Den Küchentisch schmückt ein schlicht schönes Gesteck mit roten Rosen und Efeuzweigen in einem eisernen Topf.

In die Lebkuchen, die als Baumdekoration verwendet werden, wird vor dem Backen ein Loch gestochen. Die abgekühlten Sternplätzchen werden mithilfe eines Drahtes ineinander befestigt und an den Zweigen des Weihnachtsbaumes festgemacht.

Die Küche des Hauses ist mit dem Esszimmer verbunden. In der Küche verbringt man viel Zeit, sodass man auch dort an Weihnachtsdekoration gedacht hat. Auf den Beistelltisch wurde ein kleiner Tischbaum gestellt, der mit verschieden großen Lebkuchen in Form von Sternen dekoriert wurde. Lange vor Heiligabend werden hübsche Geschenkpakete als Dekoration unter den Weihnachtsbaum auf den Tisch gelegt.

Nächste Seite
Bei der Einrichtung des alten Pfarrhauses hat man hauptsächlich verschiedene Grautöne und Rot verwendet. Der mit rotem Kordsamt bezogene geerbte Antikstuhl bekommt im Arbeitszimmer Gesellschaft von einem weihnachtlichen Kissen, und die Rottöne der Blumen sowie die zahlreichen brennenden Kerzen im Kronleuchter verbreiten weihnachtliche Stimmung. Die Kristalle und Spiegel reflektieren das Licht und sind ebenfalls effektive Stimmungsmacher.

Der imposante Kranz an der Decke des Esszimmers wurde aus Weidenruten gefertigt und mit alten Kristallen, getrockneten Orangen und Seidenbändern dekoriert. Derselbe Kranz wird in allen Jahreszeiten verwendet, aber die Dekoration wird je nach Saison ausgewechselt. Zu Ostern sind es frühlingsgrüne Bänder und selbst bemalte Eier. Der Weihnachtsbaum ist eine Edeltanne mit weichen Nadeln, die sich im mit Wasser gefüllten alten Milchkübel lange hält.

Die zum Esszimmer passende Collage an der Wand wurde angefertigt, indem man einen alten Holzrahmen weiß anstrich. Dann wurde mit Draht einzelnes silbernes Besteck und ein Porzellanteller am Rahmen befestigt.

Weihnachtsbäume gibt es zwei, und auch diese wurden rechtzeitig hereingebracht und mit selbstgebackenen Lebkuchen und originellen Designschmuck, der für den langjährigen Gebrauch angeschafft wurde, schlicht dekoriert. Die Tannen sind Edeltannen mit blattartigen Nadeln, die sich länger halten ohne zu vertrocknen. Die handgefertigten Kränze und zahlreichen Kerzen schaffen Atmosphäre. Die würzigen, extra für die Dekoration gebackenen Lebkuchen lassen mit ihrem Duft das bald stattfindende Fest erahnen.

Dieses Jahr bedeckte der Schnee bereits vor Heiligabend die Landschaft mit seiner weißen Decke. Schnee gehört natürlich zu Weihnachten, auch wenn es nicht jedes Jahr klappt. Das alte Haus wird hauptsächlich mit Holz beheizt, und mit dem Schnee kam auch das Frostwetter, sodass in den Kachelöfen ein gemütliches Feuer prasselt, das Geist und Körper wärmt. Aus den Tiefen des großen, mit Holz beheizten Backofens in der Küche quillt der würzige Duft von leckeren Lebkuchen. Diese werden immer so reichlich gebacken, dass man sie nicht bis zu den Feiertagen aufsparen muss. Die Lebkuchen in verschiedenen Größen und Formen sind auch ein schönes Geschenk, wenn man sie in einem hübschen Päckchen verpackt. Bei den Weihnachtsvorbereitungen geht nichts über ein Glas kalte Milch und frische Lebkuchen.

Die Atmosphäre wird mit kleinen Dingen geschaffen. Das Wohnzimmersofa bekommt Weihnachtskissen und eine Schlafdecke, die zu den Vorhängen und der übrigen Einrichtung passen. Die Kerzen und die weiße Amaryllis schaffen mit ihrem Duft Weihnachtsstimmung.

Der alte Spiegel gibt das warme Licht der Kerzen und des Kamins wieder.

Spiegel reflektieren das Licht hervorragend, und sie sollten immer so angebracht werden, dass man in ihnen auch einen Teil der Einrichtung des Raumes sehen kann.

Im Haus wird natürlich ein Weihnachtsputzen veranstaltet, aber dieses ist nicht anders als gewöhnliches Putzen. Zu tun bleibt auch so genug, und die Hausbewohner legen mehr Wert auf gemeinsame Momente, wie das Verpacken von selbstgemachten Geschenken in originelle Päckchen sowie das Anfertigen von Weihnachtsschmuck und Kränzen. Auch für die Hunde werden eigene Lebkuchen gebacken, die mit schönen Seidenbändern umwickelt werden. Weihnachtsdekoration gibt es nicht im Überfluss. In jedem Zimmer finden sich jedoch Kerzen und ein Kranz, die entweder das Fenster oder den Kaminsims schmücken. Im Esszimmer duften die sauberen Servietten und die Weihnachtstischdecke aus Leinen. Das weiße Sofa im Wohnzimmer bekommt rote, mit Schneesternen dekorierte Kissen und eine Decke, in die man sich gemütlich einwickeln kann, um dem im Ofen lodernden Feuer zuzuschauen und abzuwarten, dass sich der Weihnachtsfrieden auf das Pfarrhaus senkt.

Das beste Weihnachten entsteht aus Düften und Atmosphäre und gemeinsam verbrachter Zeit.

Schnee bedeckt die Landschaft, und draußen knirscht der Frost, aber drinnen im Haus ist es angenehm warm, wenn in den alten Tonnen- und Kachelöfen ein heimeliges Feuer prasselt.

Den prächtigen Betthimmel kann man leicht selbst anfertigen. Der Baldachin hindert die Wärme daran, sich im Raum zu verflüchtigen. Das gepolsterte Kopfende des Bettes wurde mit dem Stoff des Baldachins bezogen. Auch die flauschige Decke aus Kunstfell wärmt angenehm.

Die Weihnachtsfeiertage werden mit Lesen, Teetrinken und Schwelgen verbracht, denn das nächste Weihnachtsfest ist erst wieder in einem Jahr.

Der traditionelle Betthimmel wurde aus weißem Baumwoll-Leinenstoff genäht. Halbkreisförmige Gardinenstangen sind im Gardinengeschäft erhältlich. Unter dem Baldachin ist es stimmungsvoll, und er schützt vor Zugluft.

Eine gute Idee ist es, alle Weihnachtskarten mit Seidenband zusammenzubinden und die Kartengirlande als Dekoration ins Fenster oder in die Tür zu hängen. In die Girlande kann man auch einen Kranz und andere kleine Geschenkgrüße einfügen.

Kleine Leckereien

PORTWEINFEIGEN
BEERENKUCHEN
ALTMODISCHE LEBKUCHEN
TOFFEEBONBONS
GELEEWÜRFEL

Portweinfeigen

1 kg getrocknete Feigen
750 ml Wasser
4 Zimtstangen
5–10 Gewürznelken
1 Vanilleschote
Saft und Schale von 1–2 Zitronen oder Limetten
500 g Zucker
200–300 ml Portwein

Die Feigen sorgfältig abspülen und abtropfen lassen. Mit einer Schere den harten Strunk abschneiden. Die Feigen in eine Schüssel geben und etwa 750 ml lauwarmes Wasser zufügen. Etwa eine halbe Stunde einweichen lassen.

Die Zitronen oder Limetten waschen und die Oberfläche der Schale so abschälen, dass von dem weißen Teil nichts dazukommt.

Das Einweichwasser der Datteln in einen Topf gießen oder 500 ml davon abmessen, wenn ein intensiver schmeckender Sud gewünscht wird. Zum Würzen die Zimtstangen, die Gewürznelken, die halbierte Vanilleschote, die Zitronen- oder Limettenschalen und den Zucker zugeben. Das Zuckerwasser mit den Gewürzen kochen, die Feigen zufügen und den Sud aufkochen lassen.

Den Topf vom Herd nehmen und das Gemisch abkühlen lassen. Den Portwein zugießen. Das Gemisch über Nacht im Kühlschrank durchziehen lassen.

Die saftigen Portweinfeigen sind ein toller Nachtisch oder in ein schönes Glas eingepackt ein willkommenes Geschenk.

Kalt zusammen mit Schlagsahne als Nachtisch servieren. Für eine Portion reichen 2–3 süße Feigen aus. Die Schlagsahne kann man mit einer Prise Zimt oder Ingwer würzen. Anstelle von Schlagsahne passt auch Eiskrem.

- Die Portweinfeigen halten sich in einem Glasgefäß im Kühlschrank 3–4 Wochen. Gleichzeitig verstärkt sich der Geschmack.
- Die Portweinfeigen schmecken auch als Beilage zu Schinken oder Truthahn.
- Die schmackhaften Feigen sind ein großartiges Geschenk. Mit dem Sud auf Glasgefäße verteilen. Auf hübschen selbstgemachten Etiketten kann man das Haltbarkeitsdatum vermerken.
- Eine ähnliche Nascherei kann man auch aus getrockneten Pflaumen und Aprikosen zubereiten.
- Anstelle von Portwein kann man beispielsweise auch Rum oder Cognac verwenden.

Beerenkuchen

250 g Butter oder Margarine
250 g Zucker
5 Eier
70 g getrocknete gezuckerte Preiselbeeren
70 g getrocknete gezuckerte Kirschen
75 g Rosinen
250 g Weizenmehl
2 Tl Backpulver
50 ml Beerenlikör, Grand Marnier-Likör oder Cognac

Das Fett bei Zimmertemperatur oder zerstückelt in der Mikrowelle weich werden lassen. Den Zucker zusammen mit dem Fett zu einem hellen luftigen Schaum schlagen. Die Eier einzeln dazugeben und dazwischen kräftig rühren.
Das Mehl und das Backpulver abmessen. Die getrockneten Preiselbeeren, Kirschen und Rosinen unter das Mehl mischen. Das Mehl zu dem Teig geben, kurz verrühren, und zum Schluss noch einen Schluck Likör oder Cognac zugeben.
Eine Kuchenform von 1,5 Liter einfetten und den Teig in die Form gießen. Die Oberfläche glatt streichen und eine Furche in die Mitte der Teigfläche schneiden, damit der Kuchen gleichmäßig aufgeht.
Den Kuchen bei 160–175 °C auf der untersten Rostebene im Ofen 50–60 Minuten backen bis er gar ist und sich an den Rändern von der Form löst. Bei Bedarf die Hitze in der Schlussphase des Backens verringern. Mit einem Stäbchen prüfen, ob der Kuchen gar ist. Wenn am Stäbchen Teig kleben bleibt, ist der Kuchen noch nicht gar.
Den fertigen Kuchen einige Minuten abkühlen lassen, und dann zum Abkühlen auf einen Rost stürzen. Den abgekühlten Kuchen in Alufolie oder Frischhaltefolie einwickeln. Kühl aufbewahren. Der Kuchen wird im Laufe einiger Tage saftiger und würziger.

Altmodische Lebkuchen

200 g Zucker
100 g Zuckerrübensirup
1 El Zimt
1 El Kardamom
1 Tl Nelke
1 El Lebkuchengewürz
150 g Butter oder Margarine
1–2 Eier
ca. 400 g Weizenmehl
1 Tl Soda

Das Haustier der Familie freut sich über eigene Plätzchen.

Den Zucker, Sirup und die Gewürze abgemessen in einen Topf geben. Die Butter oder Margarine in kleine Würfel schneiden und dazugeben. Die Zutaten aufkochen lassen. Gut umrühren, und den Topf vom Herd nehmen. Den Topf in ein Gefäß mit kaltem Wasser stellen, damit das Gemisch schnell abkühlt.

Die Eier leicht verschlagen und unter den lauwarmen Teig mischen.

Das Soda unter das Mehl mischen und das Mehlgemisch in die fast erkalteten, aber noch nicht fest gewordene Teigmischung geben. Das Mehl kurz mit dem Teig verrühren.

Das Gefäß mit einer Folie abdecken. Den Teig über Nacht im Kühlschrank fest werden und durchziehen lassen.

Eine Backunterlage leicht einmehlen. Den Teig in vier Teile teilen, mit bemehlten Händen zu Kugeln formen und einzeln zu dünnen Platten ausrollen. Mit Förmchen Plätzchen ausstechen, und diese auf ein mit Backpapier ausgelegtes Backblech legen.

Bei etwa 175 °C im Ofen etwa 10 Minuten backen, große Dekolebkuchen bei 160 °C etwas länger.

Aus dem Teig entstehen dickere Plätzchen, die nach Gewürzen duften, sich als Dekoration eignen und sich gut halten.

Toffeebonbons

200 g Schlagsahne
200 g Zucker
2 El Kakaopulver

Die abgemessenen Zutaten in einen Topf geben und unter gelegentlichem Umrühren etwa 20 Minuten kochen. Aufpassen, dass die Mischung nicht überkocht.

35 kleine Metallförmchen nebeneinander auf ein Tablett setzen.

Eine Tröpfchenprobe machen, d.h. kaltes Wasser in ein Glas gießen und einige Tropfen von der heißen Flüssigkeit in das Wasser geben. Wenn sich die Tropfen direkt im Wasser auflösen, das Kochen fortsetzen. Wenn sich die Tropfen im kalten Wasser zu Toffeebonbons verfestigen, ist das Gemisch fertig. Beim Füllen der Bonbonmischung in die kleinen Förmchen vorsichtig mit dem heißen Topf und der Mischung umgehen.

Geleewürfel

2 Tl Agar-Agar-Pulver
250 ml Wasser
100 ml Aprikosenpüree (100 g getrocknete Aprikosen und 100 ml Wasser kochen und pürieren)
200–250 g feiner Zucker

Das Agar-Agar-Pulver und das kalte Wasser in einem Topf vermischen. Das Agar-Agar im kalten Wasser 10–15 Minuten quellen lassen.

Die Mischung unter langsamem Rühren erhitzen. Das Agar-Agar braucht etwa fünf Minuten, um sich aufzulösen.

Das Aprikosenpüree und den Zucker dazugeben. Aufkochen lassen und die heiße Mischung in ein Gefäß von etwa 20 x 20 cm gießen. Sie benötigt bei Zimmertemperatur etwa eine Stunde, um fest zu werden, sollte aber besser mehrere Stunden oder über Nacht fest werden. Die erstarrte Mischung in kleine Würfel schneiden und als Bonbons servieren.

• Für das Aprikosenpüree die gut abgespülten Aprikosen einweichen lassen. Die Früchte kochen, bis sie die Flüssigkeit aufgesogen haben. Die Aprikosen beispielsweise mit einem Pürierstab pürieren. Anstelle von Aprikosenpüree kann man 200 g pürierte tiefgefrorene Erdbeeren, schwarze Johannisbeeren oder andere Beeren oder auch fertiges tiefgefrorenes Beerenpüree verwenden. Das Gelieren wird vom Säuregrad und den in den Beeren oder Früchten enthaltenen Enzymen beeinflusst. Beispielsweise Zitrusfrüchte und Erdbeeren können mehr Agar-Agar benötigen. Kiwis, Ananas, frische Feigen, Mango und Pfirsiche beinhalten Enzyme, die die gelierende Wirkung von Agar-Agar zerstören, sodass sie sich nicht für die Zubereitung von hausgemachten Geleebonbons eignen.

• Agar-Agar ist ein pflanzliches Geliermittel, mit dem auch der Beeren- und Früchtebelag von Kuchen einfach geliert werden kann. Etwa 2 Tl Agar-Agar-Pulver geliert 600 ml Flüssigkeit zu einem Gelee, das sich für den Kuchenbelag eignet. Ein erstarrtes Gelee kann man durch Erhitzen erneut flüssig werden lassen, und einem beispielsweise zu festen Gelee kann Flüssigkeit zugefügt und einem zu flüssigen Gelee noch Agar-Agar zugefügt werden.

Die in kleine bunte Aluminiumförmchen oder in eine Geschenkschachtel verpackten Toffeebonbons lassen als verführerische Nascherei das Wasser im Mund zusammenlaufen.

Geleewürfel kann man aus Aprikosenpüree oder schwarzem Johannisbeer- und Erdbeerpüree zubereiten. Natürliche Farbe und Geschmack bekommen die Würfel auch von Äpfeln und Sanddorn.

Register

Danksagung an

Silja Broman, Susanne Berner, Anna Ahlström, Annika Brandt, Pirjo und Björn Fredriksson, Tuija Salmi Fabrisso, Salme Helander, Maarit Mikkonen, Ulla und Stig Haga, Ia und Johni Hartwall, Seppo Hjerppe, Stina Sippus Koponen, Jari Karjalainen, Arno Giordanengo, Ati Karhunen, Arja Könönen, Eeva Varkki, Tuija, Anna-Stiina und Henriikka Malinen, Heidi Palanki Gant Women, Satu und Ilkka Torstila, Liti Wendelin, Tikkurila Paints, Counry Treasures, Old Times, Arabia, S.A.L.I.

Danke auch an den Hund Rasmus und die Stute Lelle für die schöne Schlittenfahrt in der großartigen Landschaft des Gestüts des Landgutes Takkula.